超簡單機率與統計

Probability and Statistics

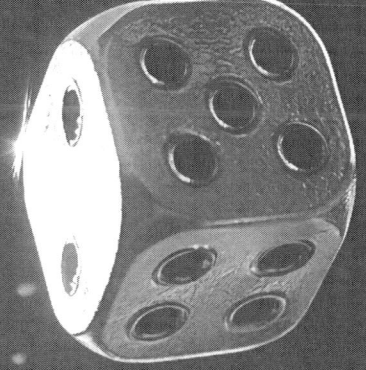

隨機的世界！大數據時代的機率統計學

李帥 著

打破數字的迷思，挑戰對數據的信任！

拋棄傳統數學的枯燥定義，
透過生動的實例和故事，
在輕鬆愉快的閱讀中掌握機率與統計的基本概念。

目錄

前言 005

**第一章
機率** 009

    1.1   生還是死：這是一個機率問題 010

    1.2   隨機事件：翻飛的硬幣 015

    1.3   條件機率：門後的老山羊與豪車 019

    1.4   獨立事件：反覆拋起的硬幣 025

    1.5   全機率公式：英超冠軍爭奪戰 029

**第二章
隨機變量** 035

    2.1   隨機變量：骰子遊戲 036

    2.2   期望與變異數：百變骰子 040

    2.3   大數法則：莊家的信條 049

**第三章
統計** 057

    3.1   從樣本到總體：管中窺豹 058

    3.2   頻率、平均數與中位數：致敬「黑曼巴」 062

    3.3   變異數與標準差：致敬馬刺 072

    3.4   平均數與變異數估計：近射與狙擊 075

第四章
分布　　　　　　　　　　　　　　　　　　079

4.1	分布：統計學的「九九乘法表」	080
4.2	等機率分布：硬幣的兩面	082
4.3	幾何分布：一次就好	085
4.4	二項分布：反覆擲骰子	089
4.5	帕松分布：神奇的 e	094
4.6	正態分布：完美曲線	098
4.7	指數分布：「二八」與「長尾」	104

第五章
賭博中的機率統計　　　　　　　　　　　111

5.1	賭博：激情與理性	112
5.2	雙色球：千年等一回	113
5.3	足彩：愛足球，更愛足彩	118
5.4	德州撲克：我不是教你詐	127
5.5	21 點：保守未必是壞事	135

第六章
假設檢定　　　　　　　　　　　　　　　141

6.1	主場優勢：規律還是假象？	142
6.2	假設檢定：主場真的有優勢嗎？	146
6.3	反證法：無罪推定	153

第七章
貝氏定理　　　　　　　　　　　　　　　　　　　　161

7.1　牧師貝氏：深藏功與名 162
7.2　賭神貝氏：一賭定終身 166
7.3　死神貝氏：連環恐怖攻擊 169
7.4　神探貝氏：嫌疑犯 X 的獻身 173
7.5　單純貝氏：智慧分類 177

第八章
線性迴歸　　　　　　　　　　　　　　　　　　　　183

8.1　預測未來：以數據之名 184
8.2　線性迴歸：奇準的票房預測 187
8.3　適合度評估：適合度檢定與分區段適合度檢定 194

第九章
漫談機率統計　　　　　　　　　　　　　　　　　　201

9.1　觀念導正：機率統計常識 202
9.2　後設認知：機率統計之「道」............................ 207
9.3　兵器譜：統計軟體大盤點 210
9.4　大數據：創新與挑戰 213

前言

凱文・凱利在《失控》中曾提道，當高度連結的群體數量大到一定程度時，群體特徵便會湧現，這是群體中任何個體都不具備的特徵。比如，大量水滴彙集成河水、海水，便會產生讓水滴「感到陌生」的新特徵——漩渦和波浪。

2013 年 8 月，Google 提出了一個票房預測模型，該模型僅以單詞搜索量為依據，便可以提前一個月預測電影的首週票房，準確度高達 94%；更令人驚訝的是，這是一個簡單的線性迴歸模型。Google 是如何做到的呢？

人類已經進入大數據時代，可是絕大多數的人，對數據統計等基本常識還在算術常識時代。這是一個科技的時代，相對於十年前和二十年前，全球市值最大、最受人尊敬的公司 Top10，全部變成了蘋果、微軟、Google……這些高科技公司。任何普通人都用智慧手機，任何人都在享受高科技技術帶來的便利。為了更好地工作和生活，我們要瞭解一下這些高科技技術的常識。筆者在這方面有一些經驗，所以特地編寫了本書，希望以比較科普和有趣的筆調，讓你瞭解一門新的科學，甚至進入一個新的領域。

大學時，我曾上過「機率論」和「數理統計」兩門課，雖然完整地學習了機率統計，卻只是一知半解；攻讀碩士時，我在科學研究工作中需要用到機率統計，方才無奈地發現，當年所學已完完全全地還給了老師。我只能匆忙地自學了機率統計，勉強能應付科學研究工作，但心中對機率統計的很多概念仍舊一頭霧水。後來，我有幸與我的妻子走到了一起，她大

學和碩士期間主修「應用數學」，在她的幫助下，我這個機率統計的門外漢終於入門了。

碩士畢業前，我和妻子共同翻譯了一部英文科普讀物《讓你愛上數學的50個遊戲》，這本書幫助我進一步鞏固了機率統計知識，也讓我萌生了寫書的念頭。畢業後我仍從事科學研究工作，參與了幾個與數據分析有關的項目，發現自己對機率統計的理解仍然不夠深刻，於是一口氣閱讀了幾本機率統計的科普書，比如《深入淺出數據分析》、《深入淺出統計學》和《生活中的機率趣事》，終於搞懂了「貝氏定理」、「假設檢定」等概念。看書之餘，我在「部落格」上寫了幾篇讀書心得，出版社的編輯看到我寫的文章，問我是否願意寫一本機率統計的科普書，說實話，能寫作一本屬於自己的書是我的小小理想，既然機會來了，我怎麼會拒絕呢？

開始寫作前，我為自己設定了三個原則。

一是理解而非定義。機率統計的教科書充滿了數學公式，雖然數學公式能對抽象的概念做出精確的定義，但這樣的定義太晦澀，難以理解。這是一本寫給初學者的書，我想幫助讀者理解概念的含義，而非求解某個具體問題。所以，我會用解釋性的語言來描述概念，而不是給出標準的定義。這麼做風險很大，但我願意嘗試，希望本書可以幫助讀者更快速、更深刻地理解概念。

二是引導而非灌輸。從小到大，我們都承受了太多的灌輸式教育，我很慶幸，自己在灌輸式教育下活了下來，但我不希望「灌輸」給讀者任何東西。所以，我總是以案例作先導，先引起讀者的興趣和思考，然後在解答問題的過程中講述知識。希望這麼做可以為讀者減負，讓讀者更流暢的閱讀，在輕鬆愉快中學到知識。

三是有趣而非無趣。很多人說，「有趣」是對一個人最高的評價，而我覺得一本書同樣如此。圖書銷售排行榜上，小說永遠是主角，因為它們「有趣」。讀者喜歡故事，不喜歡說教，這是事實，更是真理。我要努力避開說教式的言辭，把知識融入故事中，在講解知識的同時，帶給讀者閱讀的樂

趣。

寫作時，我盡量堅持這三個原則，雖然期間有過掙扎和迷茫，但最終還是完成了這本書。

本書共有九章，第一章和第二章介紹機率和隨機變量的基礎知識；第三章和第四章介紹統計和分布的基礎知識；第五章是專門介紹賭博中的機率統計的一章，前四章的知識在這裡得到了應用；第六、七、八章分別介紹了機率統計的三個重要方法——假設檢定、貝氏定理和線性迴歸；第九章是漫談機率統計。

我的閱讀建議是：第一、二章合併閱讀，第三、四章合併閱讀，再閱讀第五、六、七、八、九章，後五章各自獨立，不需按順序閱讀。

本書由李帥主筆編寫，同時參與編寫的還有黃維、金寶花、李陽、程斌、胡亞麗、焦帥偉、馬新原、能永霞、王雅瓊、於健、周洋、謝國瑞、朱珊珊、李亞傑、王小龍、張彥梅、李楠、黃丹華、夏軍芳、武浩然、武曉蘭、張宇微、毛春豔、張敏敏、呂夢琪等作者，在此一併感謝。

這是我的第一本書，其中難免出現錯誤，希望讀者理解包涵，也歡迎讀者批評指正。

最後，我要感謝我的家人和朋友。感謝我的父母，陪伴我成長，幫助我養成了讀書和寫作的習慣。感謝我的妻子，一直理解我、陪伴我，並給我講解了一些晦澀的數學概念。感謝劉子沖、王充山、秦培根、劉翼、孫淼、趙瑋琪等老朋友，你們的支持和鼓勵是我堅持寫作的動力！

編者

隨機的世界：大數據時代的機率統計學

第一章
機率

> 導語：我們生活的世界，是確定的還是不確定的？自古至今，人們一直試圖回答這個哲學命題。一方面我們確信，蘋果熟透後會從樹上掉下來；另一方面我們又無法確信，拋起的硬幣落到地上時，哪一面會朝上。

1.1 生還是死：這是一個機率問題

2012年7月21日，北京大雨傾盆，事後這一天被稱為「北京721特大暴雨」。下午兩點，我接到父親的電話，要我趕快回東北老家，家中病危的爺爺快撐不住了。

我抓起外套出門，冒著大雨瘋狂地跑進地鐵，奔向北京站。

第二天傍晚五點半，我下了火車，直奔醫院。病床前，我看到瘦骨嶙峋的爺爺蜷縮在那裡，已經沒了意識，奄奄一息。八點整，爺爺血壓驟降，醫生對父親點了點頭，時辰到了。我終究沒能和爺爺說上最後一句話。

後來，我常會夢到爺爺。在夢中，爺爺坐在青綠色的老式沙發上，戴著折疊式老花鏡，饒有興致地看《城市晚報》。爺爺已經去世了，但又分明看到爺爺就坐在那裡。夢中的那一刻，我真的分不清爺爺是生還是死。

生死與有無、對錯一樣，都是鮮明對立的東西，它們看似是兩條平行的直線，永不相交。然而，夢中的我卻分不清爺爺是生還是死。生與死真的永無相交的可能嗎？

1.1 生還是死：這是一個機率問題

鷹溪橋上的法克爾

下面是美國小說家安布羅斯・比爾斯的小說《鷹溪橋上》的片段節選，故事發生在美國南北戰爭期間，講述的是農場主法克爾被處以絞刑的故事。

阿拉巴馬州北部的鐵路橋上，一個男人站在那裡，俯視著橋下二十公尺處湍急的流水。這人的雙手被人用繩子綁在身後，一根繩索緊緊地套在他的頸部，繩索的另一端被繫在他頭頂上方交叉的架子上，一段繩子鬆鬆垮垮地垂在他的膝蓋處。鐵軌枕木上鋪著幾塊木板，他和要對他行刑的一名中士和兩名列兵就站在上面。

那個即將被施以絞刑的男人看起來大約三十五歲，一副平民的裝扮。如果從他的舉止行為來看，他像是一位莊園的農場主。他五官端正——鼻子高挺，嘴唇堅毅，額頭飽滿，長長的黑髮順直地披在腦後，他的眼睛大而烏黑，面目和善，人們很難想像到這人即將被施以絞刑而死。

他索性睜開眼睛，看著身下的流水。「如果我能把雙手掙脫，」他心裡這樣想著，「我就能擺脫頸上的繩索，跳到河裡去，然後潛到水下躲避那些子彈，拚命地游到河岸邊，鑽進那裡的森林，就能跑回家了。謝天謝地，我家不在他們的封鎖線裡，我的妻子和孩子們離他們的先頭部隊還有些距離。」正當這些想法在犯人腦中閃過時，上尉對中士點頭示意。中士從那塊木板上跨到了一邊。

當法克爾從橋上徑直地向下墜落時，他已經沒有了意識，就像是死了一樣。彷彿過了很久，頸部劇烈地擠壓所帶來的疼痛使他從這種狀態中清醒了過來，接著就感到了窒息。他知道那條繩索已經斷了，他墜入了河中，那種窒息的感覺沒有加劇。他在黑暗中睜開了眼睛，看到了他上方的一道亮光。他的兩隻手快速的向下拍水，使身體上浮，他感覺自己的腦袋已經浮出了水面，炫目的陽光使得他睜不開眼睛。他看到了那座橋，以及給他施以絞刑的執行者，他們正大喊著用手指向這邊，子彈射到水裡，離他的頭只有幾英吋的距離，濺起的水花打在他的臉上。

法克爾猛地向水下潛去，盡量鑽到水的深處。法克爾在湍急的流水中奮力地划水，他思維清晰，四肢越發有力，心裡想著：「上帝保佑我，保佑我能躲過所有的子彈！」

突然，他感覺自己開始一圈圈地旋轉起來，像陀螺一樣。水面、河岸、樹

林，已經離得很遠的橋，還有那軍事堡壘和那些士兵，都混合到一起，變得模糊不清。水中的一處漩渦將他捲了起來，沒過一會兒，他就被水流拋到了左岸邊的一堆礫石上。他喜極而泣，兩手抓起泥沙，一把把的往上揚，落到自己身上，喃喃地說著一些祝福的詞句。他躍身而起，迅速地往坡上的岸邊跑去，鑽進了那片樹林。

那一天，他都依照著太陽往前走，那片樹林太過茂密，像是永無盡頭，他到處都找不到一個可以休息的地方，甚至都找不到一條樵夫走過的小道。夜幕降臨時，他已經走得精疲力竭，可是一想到他的妻子和孩子們，他又竭力地繼續向前走。最後，他終於找到了一條通往他家的路。那條路像城市裡的街道那樣筆直而寬闊，可卻像是無人從此處通行過，路的兩邊沒有田野，也沒有房屋。他的眼睛有些腫脹，沒法閉眼，口中乾渴，舌頭也發脹起來，他把舌頭伸出口外去接觸空氣，感受絲絲的涼意。這條沒人走過的路上全是草，這些草多麼柔軟，軟得讓他無法感覺到腳下的路！

他站在自己家門口，所有的一切都和他離開時一模一樣。當他推開門，他看到了女人的衣裙在飄動；他的妻子還是那麼的清新甜美，正從門廊中走出來迎接他。她走下了台階，臉上帶著神秘的笑容，那種氣質簡直無與倫比！啊，她是多麼的美麗！他伸開雙臂衝過去……

——節選自《鷹溪橋上》

讀到這裡，我們的心中難免會有一個疑問：法克爾究竟是死了還是逃跑了？

讀到法克爾掉入水中，拚命掙扎著爬上岸時，我們相信法克爾真的逃脫了；可是，怪異的樹林、無人走過的路、無法感覺腳下的路，又讓人心生懷疑：難道這些是法克爾的幻覺？我們希望法克爾成功逃脫，回到家中與妻子團圓，又擔心一切都是法克爾的幻覺。法克爾在我們心中彷彿是一個既可能「生」又可能「死」的人！

薛丁格的貓

要測試你是否真的瞭解「量子物理」，只需要問你兩個問題。

1.1 生還是死：這是一個機率問題

第一個問題：你知道「薛丁格的貓」嗎？

（我猜你會點頭。）

第二個問題：你知道哥本哈根學派嗎？

（別皺眉了，趕快承認不知道吧。）

大多數人都知道這隻著名的貓，卻不知道這隻貓到底是怎麼來的，沒錯，這隻貓與哥本哈根學派有莫大的關係。

哥本哈根學派於 1920 年代初期建立，對量子物理的創立和發展有很多重要貢獻。學派的創始人是著名量子物理學家波耳，主要成員包括玻恩、海森堡等知名物理學家。薛丁格也是量子物理學界的鼻祖，他提出的「薛丁格方程式」為量子力學奠定了堅實的基礎，至今折磨著一代又一代的理工學系。不過，薛丁格並不是哥本哈根學派的成員，這是因為他對哥本哈根學派的理論存在質疑。為了有的放矢地提出自己的質疑，他突發奇想了一個實驗——「薛丁格的貓」。

「薛丁格的貓」是一個思想實驗，實驗的過程是，把一隻可憐的小母貓關在一個密室裡，密室裡有食物也有毒藥，毒藥裝在瓶子裡，瓶子上有一個錘子，錘子由一個電子開關控制，如果電子開關被觸動，錘子就會落下，砸碎瓶子，瓶子裡的有毒氰化物就會毒死小貓。問題是：小貓到底是活著還是死了？

實驗的關鍵在於，電子開關是否被觸動是一個隨機發生的事件，發生的機率是 50%。這裡的 50% 不是「拋硬幣 50% 出現正面」這麼簡單，要產生真正的隨機事件，需要使用放射性元素。在微觀世界裡，放射性元素衰變是宇宙都無法預知的隨機事件，一個真正的有 50% 機率發生的隨機事件。控制電子開關的正是放射性元素，如果放射性元素發生衰變，則開關被觸動，錘子砸碎毒瓶，小貓必死。

這個問題要分兩種情況討論。

情況一：我們打開密室觀察，可以確切地知道小貓是生還是死。如果

放射性元素發生了衰變，那麼可憐的小貓一定已經中毒身亡；如果沒發生衰變，那麼可愛的小貓依然活著。

情況二：我們不打開密室，由於放射性元素的衰變完全無法預測，所以小貓既可能生，也可能死，我們只能認為小貓處於「生與死」的疊加狀態！

用量子物理的語言來說，當我們沒有觀察小貓時，小貓是被「電子雲」包裹，生與死兩種狀態互相疊加，形成了一個「疊加態」，當我們進入密室觀察小貓時，「電子雲」瞬間塌陷了，於是我們只能觀察到某一種狀態的小貓。

一隻「既生又死」的貓？這明顯違背常識。薛丁格把微觀世界的疊加狀態平行的移植到宏觀世界中，以此質疑量子物理的「完備性」，也就是說，量子物理中的「疊加態」在宏觀世界中不成立。

量子物理學家波耳曾說：「誰要是第一次聽到量子理論時沒有感到困惑，那他一定沒聽懂。」親愛的讀者朋友，你是聽懂了還是沒聽懂呢？

我們活在當下，感知當下，環顧四周，彷彿一切都是確定無疑的。可是，此時此刻，還有很多人、很多事是你感知不到的，對你而言，它們是「不確定的」。鷹溪橋上的法克爾和薛丁格的貓到底是生還是死？這不再是一個非此即彼的問題，在謎底揭開之前，它們既可能生，也可能死，這是一個機率問題，專門研究機率問題的學科就是——機率論。

最後，我要公布《鷹溪橋上》的結局了。

　　他伸開雙臂衝過去，正要和那美麗的女人擁抱時，他感覺到自己的後頸遭到了重重的一擊，隨著一聲大砲的轟鳴，他的四周亮起了炫目的白光——接著，一切都陷入了黑暗和靜寂。

　　法克爾死了，他那折斷了頸部的屍體正懸在鷹溪橋後面的橫木下輕輕地擺動。

——節選自《鷹溪橋上》

1.2 隨機事件：翻飛的硬幣

　　站在傳說中的天池。從山頂向下看，天池宛若一面藍色的魔鏡，靜如止水。

　　上山之前，很多人說，想看到天池要靠運氣，沒多一會兒，我就明白了此言不虛。剛剛還晴空萬里、陽光普照，轉瞬間就是大霧瀰漫，我和父母只能手拉著手站在原地，生怕在白茫茫的霧氣中走失。再過一會兒，霧氣緩緩消散，正當大家拿出相機要繼續拍照時，烏雲襲來，風雨大作，我們紛紛披上雨衣，站在寒風中瑟瑟發抖。那是我第一次感到大自然的風雲變幻。

　　自古至今，人們都在試圖回答一個哲學命題：我們生活在一個確定的世界還是不確定的世界？我們很確信，蘋果熟透了，會從樹上掉下來，但我們又不能確定，拋起的硬幣落到地上時，哪一面會朝上。對此，哲學領域有兩種不同的論斷。

　　決定論：是指自然界和人類社會普遍存在著客觀規律和必然的因果連繫，也就是說，如果我們能夠發現和理解所有的客觀規律和因果連繫，自然界和人類社會的任何變化都是可以預知的，我們之所以還做不到，是因為我們對客觀規律的認識還不夠。

　　非決定論：與決定論相對，非決定論否認自然界和人類社會普遍存在著客觀規律和必然的因果連繫，認為事物的發展變化是沒有客觀規律的，是由事物內在的「自由意志」所決定，也就是說，人們可以自由支配自己的行為，卻無法預言客觀事物的發展變化和其他人的行為。

　　我們似乎更容易認同非決定論，畢竟世界如此紛繁複雜，我們只能控制自己，很難預知未來。但我們不能輕易否定決定論，拋開兩個論斷的對錯之爭，決定論為我們認識世界提供了新的思路。下面，我們就來做一個「拋硬幣」的思想實驗。

思想實驗：拋硬幣

拋硬幣是大家十分熟悉的小把戲，足球比賽前，裁判會用拋硬幣的方式讓雙方選邊，大家似乎默認拋出的硬幣落到手上或地上時，正面和反面朝上的可能性是相同的。但是，決定論的支持者們對此表示懷疑，他們提出了如下的思想實驗。

實驗 1.0

假定有一台超高速攝影機和一台超級力學計算機，攝影機自帶搖臂，可以跟拍動態畫面，並對拍攝到的畫面進行即時分析，辨識畫面中的物體，提取物體的運動參數，這些參數又被即時傳輸到力學計算機，力學計算機可以根據此前的數據計算出物體下一刻的運動狀態。

我們用超高速攝影機對準手上的硬幣，然後，拋起硬幣！超高速攝影機與硬幣一起向上升，又一起向下降，最後，在硬幣即將落到手上時，力學計算機輸出了結果：正面向上。你展開手掌，露出了硬幣，果然是正面。

我們在實驗中加入了一位超級觀察員——由超高速攝影機和超級力學計算機組合而成。只要你不是魔術師，也不刻意作弊，在硬幣即將落到手上時，超級觀察員一定可以準確地告訴你硬幣的哪一面向上。請問：拋硬幣的結果是隨機的嗎？

我的回答依然是：隨機的。原因是，硬幣在運動過程中，可能受到各種因素的干擾，力學計算機只能做出短時間的預測，所以，超級觀察員只能在硬幣即將落到手上時，才能計算出硬幣哪一面向上，因此，在硬幣拋起時，即使是超級觀察員也無法預測硬幣的哪一面向上。為了反駁這兩點，我們將思想實驗升級為 2.0 版。

實驗 2.0

在實驗 1.0 的基礎上，我們加入如下條件：一是每次硬幣拋擲的周圍環境都一樣；二是你的手升級為超級機器手，內置力學感測器，你拋起硬幣

時對硬幣施加的力，全部會被記錄在感測器的晶片中，同時，超級機器手還可以自由設定拋硬幣使用的力，也就是說，你可以重現曾經出現過的硬幣拋擲過程。再次請問：拋硬幣的結果是隨機的嗎？

這時，我有些語塞了，在這樣的條件下，如果我們利用超級機器手重複此前的某一次拋擲，那就意味著，在硬幣剛剛拋出時，我們就知道了結果，這時，拋硬幣的結果是確定的！如果我們利用這套裝置不斷進行拋硬幣練習，就會收集越來越多的硬幣拋擲結果，然後，這隻超級機器手就會成為一個開關，它既可以再現過去的拋擲過程，準確預言拋擲結果，也可以進行一次新的拋擲，讓結果隨機出現。這隻超級機器手掌控著一切，彷彿「造物主」一樣！

決定論的極限表達是「造物主」，造物主知曉一切，造物主決定一切，造物主預知一切。這種宗教化的解釋自然不在我們的討論範圍內，但「決定論」賦予我們一個很有價值的思想：不斷探索自然，不斷尋找客觀規律。試想，在牛頓發現萬有引力之前，已有千千萬萬顆蘋果落到地上，難道我們該認為，這些蘋果擁有「自由意志」，竟然不約而同地衝向地面嗎？這個看似必然發生的事件，正是萬有引力定律引起的，對這個確定性事件的解釋，讓我們對大自然的認識更加深刻，也正是「決定論」指引我們不斷探索下去。

度量隨機事件

我們從思想實驗中跳脫出來，回到現實世界。在現實世界中，每時每刻都在發生各種各樣的事情，有的像蘋果落地一樣，有確鑿無疑的結果，有的卻像拋硬幣一樣，無法預知。數學家既不是決定論者，也不是非決定論者，他們從數學的角度審視萬事萬物，機率論由此而來。

抽象地講，機率論站在無知者和造物主之間審視世界，力圖從現實世界中發現客觀規律，幫助我們更深刻的認識現實世界。

在機率論的世界裡，拋硬幣、擲骰子等被統稱為隨機試驗，每一個隨

機試驗都會有一個或多個可能的結果，一個結果或某些結果的組合稱為隨機事件。

舉例來說，拋硬幣是一個隨機試驗，拋硬幣可能的結果有兩個：正面和反面。我們用一個大寫字母來代表隨機事件，那麼，我們可以得到如下的四個隨機事件。

A：拋硬幣出現正面

B：拋硬幣出現反面

C：拋硬幣出現正面或反面

D：拋硬幣既不出現正面也不出現反面

隨機事件 C 和隨機事件 D 往往會給初學機率論的人帶來困擾，隨機事件 C 根本就不是「隨機」事件，是一定會發生的確定性事件；隨機事件 D 正相反，是一定不會發生的事件，自然也不是「隨機」事件。機率論是一門完備的科學，它要涵蓋所有的事件，而不是只研究那些「隨機」事件，為此，我們需要一個度量隨機事件的工具——機率。

機率，用於度量隨機事件發生的可能性，是個定量指標，用大寫字母 P 來表示。例如，隨機事件 A 發生的機率是 50%，可以寫成：

$$P(A) = 50\%$$

機率有以下兩個特性：

(1) 機率是非負的，即對於任意隨機事件 A，$P(A) \geq 0$；

(2) 對於任一隨機試驗，我們假定所有可能的結果有 n 種（$n > 0$），分別記為 $A_1, A_2, ..., A_n$，如果這些結果兩兩之間都不可能同時出現，則 $P(A_1) + P(A_2) + \cdots + P(A_n) = 1$。

事實上，在機率論所描述的數學世界中，所有的事件都是隨機事件，如果一個事件不可能發生，我們認為它發生的機率是 0，如果一個事件必然發生，我們認為它發生的機率是 1。下面我們舉兩個有爭議的例子。

隨機事件 A：公雞下蛋。

這違背常識，不可能發生，P(A)=0。

隨機事件 B：人終有一死。

這是個客觀事實，必然發生，P(B)=1。

就大多數人的認知，這兩個機率是正確的。可是，生物學家或許會質疑這兩個機率，甚至羅列一長串的生物新技術來反駁這兩個機率。沒錯，我承認這兩個機率可能是錯誤的，世界在變化，機率也在變化，唯一不變的是：所有的事件都是隨機事件。

1.3　條件機率：門後的老山羊與豪車

　　一個囚犯站在法官面前等待判決。法官嚴肅地說：「我不得不做出最嚴厲、最殘酷的判決，這就是絞刑。這個嚴酷的刑罰必須執行，不可更改。除此之外，我唯一的決定權是安排你的行刑日期，對此，我一直在兩個方案之間猶疑。」

　　「最簡單、最直接的方案是判決即刻生效，馬上執行，但這個判決對你太仁慈了，你完全沒有感受到驚恐害怕。因此，我現在決定：在下週七天中的某一天，我會在日出時安排絞刑。我絕不會提前告訴任何人，我會在哪一天安排絞刑，所以，保證你不可能事先知道將在哪一天被絞死。每個夜晚，你都將在擔驚受怕中入睡，這是對你最大的懲罰。」

　　法官宣判完後，囚犯絕望了，他轉過頭去，居然看到他的律師露出了微笑。走出法庭後，律師對囚犯說：「他們不能絞死你了，」他解釋道，「按照法官的安排，下週七天中的某一天，他會在日出時分執行絞刑，而且他們保證不會提前讓你知道。因此，他們不能在星期六絞死你，因為星期六是一週的最後一天，如果星期五的早晨，你還沒有被絞死，你就知道了行

隨機的世界：大數據時代的機率統計學

刑日期必然是星期六。這與法官的安排是矛盾的，因為他的計劃是不讓你知道行刑日期。」

「所以，他們最晚只能在星期五絞死你，這一點沒問題吧。」囚犯對此表示贊同。「既然星期六已經排除了，星期五就成了可以絞死你的最後一天，按照同樣的邏輯，如果你星期四早上還沒被絞死，那麼你一定會在星期五被絞死，這又與法官的安排矛盾。你明白了嗎？依照同樣的邏輯，我們還可以排除星期四、星期三，我們可以排除每一天！法官把自己套住了！這個判決絕對不可能執行！」

囚犯心情愉快地度過了星期一，星期二早晨，他從美夢中醒來，然後被押赴刑場，絞死了。

這是一個經典的悖論——意外絞刑悖論，它還有很多種表現形式，比如老師突襲考試、緊急消防演習等。正如律師所言，如果法官嚴格的執行判決，囚犯將不會被絞死；然而，法官在公布判決結果時已經下定決心：絞刑必須執行，只有在這個前提下，才能體現出悖論的思辨色彩。哲學家麥可・斯克里文這樣評論意外絞刑悖論：「邏輯的力量遭到事實的否決，我覺得這正是此悖論的迷人之處。可憐的邏輯學家唸著屢試不爽的咒語，但事實上這個怪物聽不懂咒語，執意前行。」

我們用機率論分析一下這個悖論。在法官說到，要在一週七天中的某一天處死囚犯時，囚犯在一週七天的任何一天被執行絞刑的機率都是 1/7；而當法官說到，囚犯不會知道絞刑在哪一天執行時，機率發生了變化，週六執行絞刑的機率原本是 1/7，此時卻降為了 0，因為週六執行絞刑違背了「囚犯不知道絞刑在哪一天執行」的條件。一個前提條件，改變了事件發生的機率，這就是——條件機率。

「三門問題」

「三門問題」是一個知名的機率問題，這個問題剛好用到了「條件機率」，我們一起來看看，條件機率是如何幫助參賽者提高獲勝機會的。

1.3　條件機率：門後的老山羊與豪車

蒙提霍爾是一個美國電視節目的主持人，他曾主持過一個有趣的遊戲節目，叫做《Let's make a deal》。節目中有三扇關閉的大門，其中一扇門的後邊是一輛豪車，另外兩扇門的後邊各藏著一隻老山羊。如果參賽者最終選定的門的背後是豪車，參賽者可以開著豪車回家；如果是老山羊，參賽者將空手而歸。節目開始後，蒙提霍爾讓參賽者從三扇關閉的門中隨便挑選一扇，然後，蒙提霍爾會從剩下的兩扇門中打開一扇，門後定會出現一隻老山羊，因為，蒙提霍爾知道豪車藏在哪扇門的後邊。此時，蒙提霍爾會給參賽者一個改選的機會，如果你是參賽者，你會改選另一扇門還是堅持最初的選擇？

我猜你此刻在想：蒙提霍爾知道豪車在哪，我可不知道，所以選哪扇門都一樣嘛，改或者不改是一樣的，非要我決定改還是不改的話，拋硬幣好了。

節目中的參賽者也是這麼想的，所以他們有的堅持不改，有的搖擺不定之後改選了另一扇門。這個遊戲還包含另一層心理層面的因素，如果參賽者不改變自己最初的選擇，即使他們沒有得到豪車，也會用「堅持自我」來安慰自己，而如果他們改選另一扇門卻落了個空，則會懊惱不已，因為他們把到手的豪車拱手送了出去！看起來，不改變自己最初的選擇是對的。「不變初衷」、「堅持自我」，多麼勵志的想法！

然而，科學不相信勵志。下面就來告訴你，為什麼「堅持自我」是錯誤的。

這個問題中的條件有些複雜，為了由淺入深的展開分析，我們對前提條件做一個簡化：假設主持人不知道哪扇門後邊是豪車，也就是說，在參賽者選擇完一扇門後，主持人在剩下的兩扇門裡隨機挑選一扇。此外，為了方便起見，我們把兩只老山羊分別記為公山羊和母山羊，很顯然，這樣不會影響計算結果。

在這樣的前提條件下，我們把所有可能的情況列出來，一共有六種可能的情況，即六個隨機事件，如表1-1所示。

表 1-1 「三門問題」的所有可能情況

隨機事件	參賽者第一次選擇的門	主持人選擇的門	剩下的最後一道門
A	公山羊	母山羊	豪車
B	公山羊	豪車	母山羊
C	母山羊	公山羊	豪車
D	母山羊	豪車	公山羊
E	豪車	公山羊	母山羊
F	豪車	母山羊	公山羊

現實中，主持人並非隨機選擇了一扇門，他只會選擇公山羊或母山羊面前的那扇門，所以，隨機事件 B 和隨機事件 D 不可能發生！也就是說，當參賽者第一次選擇了公山羊或者母山羊時，主持人根本沒有選擇的餘地，他必須選擇另一隻山羊，留下豪車，這時，參賽者應該改變初衷，選擇另一扇門；當參賽者第一次選擇了豪車時，主持人一定會留下一隻老山羊，這時參賽者不應該改變初衷。

因此，在下面三種情況下，參賽者會獲得豪車。

- 參賽者選擇公山羊→主持人選擇母山羊→參賽者改選另一扇門→參賽者獲得豪車

- 參賽者選擇母山羊→主持人選擇公山羊→參賽者改選另一扇門→參賽者獲得W豪車

- 參賽者選擇豪車→主持人選擇母山羊或公山羊→參賽者不改變選擇→參賽者獲得豪車

這三種情況包含的一個重要訊息是：只要知道了參賽者第一次選擇的門後是什麼，就知道了參賽者是否應該改選另一扇門。下面，我們來計算參賽者第一次選擇的三種可能的結果出現的機率。

設定：

- 隨機事件 A_1：參賽者第一次選擇公山羊；

- 隨機事件 A_2：參賽者第一次選擇母山羊；

- 隨機事件 A_3：參賽者第一次選擇豪車。

1.3 條件機率：門後的老山羊與豪車

我們知道，參賽者第一次的選擇是完全隨機的，因此：

$$P(A_1) = P(A_2) = P(A_3)$$

並且：

$$P(A_1) + P(A_2) + P(A_3) = 1$$

因此可以得到：

$$P(A_1) = P(A_2) = P(A_3) = 1/3$$

只有當隨機事件 A_3 發生時，參賽者才應該堅持自己的選擇，而隨機事件 A_3 發生的機率只有 1/3，所以，我們得到的結論是：改選另一扇門，有 2/3 的可能得到豪車，反之，則只有 1/3 的可能得到豪車。

重新審視分析過程，我們會發現，這個遊戲有趣的一點就在於：在你隨機選擇一扇門之後，主持人為你去掉了一個錯誤答案。有了這個前提條件，參賽者獲勝的機率提高了，這就是「條件機率」的神奇之處！

條件機率

條件機率，是針對兩個或兩個以上的隨機事件提出的概念，我們設定任意兩個隨機事件為 A、B，那麼，在 A 已經發生的前提下，B 發生的機率就稱為條件機率，記為 P(B|A)。

機率具有非負性，條件機率是機率的一個類別，因此同樣具有非負性，即對於任意隨機事件 A 和隨機事件 B，P(B|A)≥0。

要研究兩個隨機事件之間的關係，首先要弄清楚，兩個隨機事件的機率之間可以進行哪些數學運算，下面我們來介紹機率的加減乘除法則。

首先，我們要定義兩個概念：

和事件：隨機事件 A∪B 稱為 A 和 B 的和事件，它表示隨機事件 A 或隨機事件 B 中至少有一個發生；

積事件：隨機事件 A∩B 稱為 A 和 B 的積事件，它表示隨機事件 A

和隨機事件 B 同時發生。通常地，我們把 A ∩ B 簡寫為 AB。

其次，我們來學習機率的加法和乘法。

機率加法：對任意兩個隨機事件 A 和 B，有

$$P(A \cup B) = P(A) + P(B) - P(AB)$$

機率乘法：對任意隨機事件 B 和滿足 P(A) > 0 的隨機事件 A，有

$$P(AB) = P(B|A) \cdot P(A)$$

機率的加法和乘法就是機率論中的四則運算，很多機率問題的計算都需要使用這兩種運算，本書後面的內容也會反覆使用它們。這裡需要說明的是，機率加法和乘法的證明不在本書的討論範圍內，我們把它們當作數學中的四則運算一樣使用就可以了。

細心的讀者會發現，機率乘法中出現了條件機率 P(B|A)，事實上，機率乘法的另一種表達方式正是條件機率的數學定義。

設隨機事件 A 和 B，滿足 P(A) > 0，則

$$P(B|A) = P(AB)/P(A)$$

定義為，隨機事件 A 發生的前提下，隨機事件 B 發生的條件機率。

關於條件機率，我們要討論的最後一個問題是：對於某個隨機事件 B 和任意隨機事件 A，P(B|A) 和 P(B) 之間的大小關係是怎樣的？

這個問題會讓人在一瞬間產生兩種截然相反的想法。有些人在想：已知條件越多，事情發生的機率應該越大，所以 P(B|A)≥P(B)；另一些人在想：已知條件越多，對事件發生的限制也越多，事件發生的機率也越小，所以 P(B|A)≤P(B)。

我們用一個生活中的事例來解釋一下。

2019 年，A 都市空氣品質符合標準 186 天，占全年的 51%。假定今天是 2020 年 1 月 1 日，如果我讓你預測一下三月一日會是霧霾天還是晴天，你會怎麼回答？誰都不可能提前兩個月預測一天的霧霾情況，所以，你只

能回答51%。看起來，這跟拋硬幣沒什麼區別。

時光如箭，轉眼到了2月29日。假如白天狂風大作，夜幕降臨時，風停了，你一定會感到欣慰：「明天肯定是好天氣！」又如，今天霧霾壓城，直到夜裡仍不見好轉，你會在睡前默默地給全家人準備口罩，你知道，明天肯定還是霧霾天。

我們用機率語言重新描述上面的事例。

- 隨機事件B：2020年3月1日，A都市是個霧霾天。
- 隨機事件A_1：2020年2月29日，A都市白天颳大風，晚上風停了。
- 隨機事件A_2：2020年2月29日，A都市全天霧霾嚴重。

根據常識，我們得到了下面的結論：

$$P(B|A_1) < P(B)$$
$$P(B|A_2) > P(B)$$

所以說，P(B|A)和P(B)沒有確定不變的大小關係，前提條件對隨機事件產生的影響無法預測！

1.4　獨立事件：反覆拋起的硬幣

有這樣一個謎題：小明一家四口正在沙灘上享受假期，這時，小明和妹妹為了一個美麗的貝殼爭執起來，他們都想得到貝殼，誰也不讓誰，只好找來父親。父親無法說服這對兄妹，只能用一種「公平的方式」來決定貝殼歸誰——拋硬幣。可是，父親手上沒有硬幣，只有幾個汽水瓶瓶蓋，父親想要用瓶蓋代替硬幣，可是，拋瓶蓋出現正面和反面的機率未必相同。請問，父親該怎麼辦呢？

或許你已經知道答案了，如果你還沒想明白，先把這個小謎題放在一邊，我們一起來學習機率論中的一個很獨特的概念——獨立事件。

025

隨機的世界：大數據時代的機率統計學

獨立事件的含義

通俗地講，彼此沒有任何關聯的事件稱為獨立事件。比如，你和我各自拋一枚硬幣，你拋硬幣出現正面和我拋硬幣出現正面是兩個毫不相干的隨機事件，此時，我們就稱這兩個事件彼此獨立，互為獨立事件。

獨立事件看起來很容易理解，實際上人們常常不清楚它的含義。下面，我們就來討論一下獨立事件真正的含義。

某日，一架小型客機在靠近機場的住宅區墜落，所幸沒有造成人員傷亡。記者第一時間趕到事故現場，採訪了機場總經理。為了安撫大家的情緒，也為了保全機場的聲譽，機場總經理這樣說道：「從統計學上講，人們應該感到更放心，因為再次發生類似事故的可能性，相比此前大大減少了。」

毫無疑問，這段採訪應該入選「史上最差危機公關」的榜單。歷史上有很多血淋淋的事件都可以反駁這種愚蠢至極的說法。紐約時間 2001 年 9 月 11 日早上 8 點 37 分，美國航空公司 11 次航班被劫持；8 點 46 分，這架波音 767 飛機以 49 萬公尺 / 小時的速度撞向世貿中心北樓。要知道在此之前，美國發生飛機撞樓事件的機率僅為 0.005%，如果按照那位機場總經理的說法，世貿中心第一次被撞之後，幾乎不可能再發生類似事件了；而事實是，恐怖分子隨後駕駛另外兩架波音飛機撞擊了世貿中心南樓和五角大樓。除此以外，我們還能列舉出很多「禍不單行」的事實。面對恐怖攻擊或者意外事故，我們要做的不是拿機率理論來矇騙大眾，而是應該找出事故原因，避免類似的慘劇再次發生。

那麼，這位機場總經理到底錯在哪兒呢？他混淆了兩件事：一個隨機事件發生兩次，和一個隨機事件再次發生。以飛機失事為例：

- 設隨機事件 A：該機場飛機失事
- 根據該機場的營運歷史，P(A)=0.01%

我們假設兩次不同的事故之間是互相獨立的，那麼，該機場發生兩次

飛機失事事故的機率是：

$$P(A) \cdot P(A) = 0.000001\%$$

這個機率的確遠低於 P(A)。可是，在飛機失事已經發生的時候，飛機再次失事的機率依然是：

$$P(A) = 0.01\%$$

因為事故之間是彼此獨立的。如果兩者彼此存在關聯，這個機率甚至會變得更大。

對獨立事件還有另一種常見的誤解。

請你快速回答：拋硬幣時，「出現正面」和「出現反面」互相獨立嗎？

我希望聽到肯定的回答，這樣我就可以糾正你的錯誤了！關於獨立事件的第二個誤解就是：把不能同時發生的事件當作互相獨立的事件。「正面」和「反面」的確不可能同時出現，它們看起來互不侵犯，難道不是互相獨立嗎？答案是否定的。因為獨立事件的含義是，當一個隨機事件發生時，不影響另一個隨機事件發生的機率。如果拋硬幣出現了正面，那麼，出現反面的機率會從 50% 降為 0！

關於獨立事件，我們需要記住以下三點：

(1) 一個隨機事件發生兩次的機率，不等於一個隨機事件再次發生的機率；

(2) 不可能同時發生的事件不是互相獨立的；

(3) 獨立事件的含義是，不論一個隨機事件發生還是不發生時，都不會影響另一個隨機事件發生的機率。

獨立事件的數學表達

還記得機率乘法嗎？

$$P(AB) = P(B|A) \cdot P(A)$$

我們剛剛學到，獨立事件的含義是，當一個隨機事件發生時，不影響另一個隨機事件發生的機率。這聽起來很像條件機率的定義，實際上，這句話等價於下面的數學表示式：

$$P(B|A) = P(B)$$

將這兩個表示式合併起來，就可以得到，當隨機事件 A 和隨機事件 B 互相獨立時，

$$P(AB) = P(B) \cdot P(A)$$

上面的表述前後顛倒一下，就是獨立事件的定義。

設 A 和 B 是兩個隨機事件，如果滿足

$$P(AB) = P(B) \cdot P(A)$$

則稱 A 和 B 互相獨立，或稱 A 和 B 互為獨立事件。

這是兩個事件相互獨立的定義，那如果是三個事件呢？

設 A、B、C 是三個隨機事件，如果滿足如下等式：

$$P(AB) = P(B) \cdot P(A)$$
$$P(AC) = P(A) \cdot P(C)$$
$$P(BC) = P(B) \cdot P(C)$$
$$P(ABC) = P(A) \cdot P(B) \cdot P(C)$$

則稱 A、B、C 互相獨立。

由此可以推論出 N 個事件互相獨立的定義，請讀者們自行推演。

本節的最後，我要告訴你那個小謎題的一個參考答案：丟兩次瓶蓋，出現「正面、反面」，貝殼歸小明；出現「反面、正面」，貝殼歸妹妹；出現其他情況，父親重新丟，直到貝殼有了歸屬為止。因為每次丟瓶蓋是互相獨立的，所以，出現「正面、反面」和「反面、正面」的機率一定是相等的，獨立事件幫助我們實現了公平。

1.5　全機率公式：英超冠軍爭奪戰

現代足球的百年歷史畫卷上留下過很多「逆襲」的神話，「60 後」追憶 1992 年歐洲盃的「丹麥童話」；「70 後」依稀記得 2004 年歐洲盃的「希臘神話」。我倒覺得，像歐洲盃這樣的淘汰賽具有很大的偶然性。真正有實力的黑馬當屬 1997 到 1998 賽季的凱撒勞頓隊，他們在升級到甲級聯賽的第一個賽季，就力壓德甲霸主拜仁慕尼黑，獲得了聯賽冠軍，在當時被認為「難後有來者」。然而，總有人要挑戰不可能，來自英超聯賽的小球會萊斯特城隊，很可能重演逆襲的神話。

萊斯特城隊的逆襲

2015 到 2016 賽季的英超聯賽，可謂翻天覆地，有一句話能最貼切的描述英超的現狀──本想保級的隊伍現在在爭冠，本想爭冠的隊伍現在在保級，只有兵工廠實現了「爭四」的目標。我們就來一起聊聊那支「本想保級，卻在爭冠」的隊伍──萊斯特城隊。

萊斯特是英格蘭中部的一座城市，位於倫敦西北 156 公里，人口約 32 萬。萊斯特城足球俱樂部成立於 1884 年，綽號「狐狸」，他們於 1890 年加入英格蘭足球協會，在中部地區聯賽裡混跡了三年後，他們於 1894 年奪得亞軍，獲得了參加全國乙級聯賽的資格。1908 年，萊斯特城隊獲得乙級聯賽亞軍，終於升入甲級聯賽；然而，由於實力不濟，他們很快便降級了。此後的多年，他們一直在甲級聯賽和乙級聯賽中徘徊，成績不慍不火。上賽季，他們從英甲聯賽升入英超聯賽，勉強完成了保級任務，留在了英超。夏季休賽期，時任萊斯特城主帥的皮爾遜因為兒子在泰國爆出性醜聞，被球隊的泰國老闆憤而解職。隨後，他們請來了老帥拉涅利。

拉涅利，義大利人，綽號「補鍋匠」，執教履歷豐富，執教風格保守。「當我和球隊談話時，我發現他們害怕義大利戰術，他們看起來不怎麼相信我，我自己也是。」在近日的採訪中，拉涅利談起了剛接手萊斯特城隊時

的情景,「我認為一個教練最重要的是圍繞自己球員的特點構建球隊,所以我對球員們說,我信任你們,我不會多說戰術的事。英國的比賽強度超高,幾乎能把球員榨乾,他們需要時間恢復。我要確保球員們每週有兩天完全與足球無關,這是我在第一天就對他們強調的,這是一種信任。」

正如拉涅利所說,他對球隊充分信任。拉涅利上任後,基本保留了球隊的原班人馬,包括助理教練團隊。這使得球隊很快度過了磨合期,球員們也踢的更自信。正是主帥的信任和球員的自信讓萊斯特城隊踢出了十分高效的足球,他們一路過關斬將,踢的氣勢十足。曾經的英超五強中,只有兵工廠隊在勉強追趕萊斯特城隊,然而,聖誕節過後,「爭四魔咒」再度降臨,溫格的球隊無可挽回的滑向第四名,萊斯特城隊卻依舊堅挺。

「英超賽季快過半了,占據積分榜首的是一支叫萊斯特城的球隊。一年前的聖誕節,他們排名墊底,瀕臨降級。」面對媒體的讚揚、調侃或者質疑,萊斯特城隊的教練和隊員始終在強調:「我們的目標是取得四十個以上的積分,確保保級成功。」

萊斯特城隊的低調務實不是沒有理由的,從勉強保住升級,到爭奪冠軍,更何況是在競爭激烈的英超聯賽,這實在是天方夜譚。然而,在剛結束的英超第 31 輪,萊斯特城隊 1:0 小勝水晶宮隊,將自己的領先優勢保持在五分,隨著聯賽輪數逐漸減少,這樣的優勢促使萊斯特城隊的奪冠機率變得越來越大。比賽中,萊斯特城隊球迷已經在看台上高唱起「我們將要贏得英超冠軍」的口號。其實,無論萊斯特城隊能否最終奪冠,我們都在內心深處成了萊斯特城隊的球迷,正如老帥拉涅利所說:「萊斯特能奪冠嗎?我不知道,但能被問到這個問題就足夠美妙了。在這個金錢衡量一切的時代,我們給了每個人希望。」

萊斯特城隊的奪冠機率

假如我們都是萊斯特城隊的球迷,我們一定特別想知道,萊斯特城隊奪冠的機率到底有多少。表 1-2 是英超聯賽截至第 31 輪的積分榜,表 1-3

1.5 全機率公式：英超冠軍爭奪戰

是萊斯特城隊未來賽程。

表 1-2　英超聯賽 2015 到 2016 賽季積分榜（截至第 31 輪）

排名	球隊	場次	積分	勝	平	負	進球	失球	淨勝球
1	萊斯特城	31	66	19	9	3	54	31	23
2	熱刺	31	61	17	10	4	56	24	32
3	阿森納	30	55	16	7	7	48	30	18
4	曼城	30	51	15	6	9	52	32	20
5	西漢姆聯	30	50	13	11	6	47	35	12
6	曼聯	30	50	14	8	8	38	27	11
7	南安普敦	31	47	13	8	10	41	32	9
8	斯托克城	31	46	13	7	11	34	37	-3
9	利物浦	29	44	12	8	9	45	40	5
10	切爾西	30	41	10	11	9	45	41	4
11	西布朗	30	39	10	9	11	30	37	-7
12	埃弗頓	29	38	9	11	9	51	41	10
13	伯恩茅斯	31	38	10	8	13	38	50	-12
14	沃特福德	30	37	10	7	13	30	32	-2
15	斯旺西	31	36	9	9	13	31	40	-9
16	水晶宮	30	33	9	6	15	32	40	-8
17	諾維奇	31	28	7	7	17	32	54	-22
18	桑德蘭	30	26	6	8	16	36	55	-19
19	紐卡斯爾	30	25	6	7	17	29	55	-26
20	阿斯頓維拉	31	16	3	7	21	22	58	-36

表 1-3　萊斯特城隊未來賽程

輪次	主場	客場
第 32 輪	萊斯特城	南安普頓
第 33 輪	桑德蘭	萊斯特城
第 34 輪	萊斯特城	西漢姆聯
第 35 輪	萊斯特城	斯旺西
第 36 輪	曼聯	萊斯特城
第 37 輪	萊斯特城	埃弗頓
第 38 輪	切爾西	萊斯特城

萊斯特城隊能否奪冠不僅與自身的比賽結果有關。還與其他球隊的比

賽結果有關，因此，我們需要分不同的情況來討論，然後把這幾種情況所求的機率相加，才能得到萊斯特城隊奪冠的機率，這就要用到機率論中的「全機率公式」。

設隨機試驗 E 共有 n 種可能的結果 $A_1, A_2, ..., A_n$，這些結果兩兩不可能同時出現，那麼，任一隨機事件 B 的機率滿足：

$$P(B) = P(B|A_1) \cdot P(A_1) + P(B|A_2) \cdot P(A_2) + \cdots + P(B|A_n) \cdot P(A_n)$$

這就是全機率公式。它隱含的思想正是我們在數學課上常用的「分情況討論」，只不過，這裡要求我們一定要把所有情況都列舉全，而且不同的情況之間不能有交叉重疊。

在萊斯特城隊登場前，我們先來熱身一下。

請問，拋擲一枚硬幣兩次，出現至少一次正面的機率是多少？

有些讀者會馬上想到計算兩次都是反面的機率，然後用 1 減去這個機率，這是個很聰明的想法，但在這裡，我們要對全機率公式進行刻意練習。設

- 隨機事件 A_1：第一次拋硬幣出現正面；
- 隨機事件 A_2：第一次拋硬幣出現反面；
- 隨機事件 B_1：第二次拋硬幣出現正面；
- 隨機事件 B_2：第二次拋硬幣出現反面；
- 隨機事件 C：兩次至少出現一次正面。

根據全機率公式：

$$\begin{aligned} P(C) &= P(C|A_1) \cdot P(A_1) + P(C|A_2) \cdot P(A_2) \\ &= 1 \cdot P(A_1) + P(B_1) \cdot P(A_2) \\ &= 1 \times 1/2 + 1/2 \times 1/2 \\ &= 3/4 \end{aligned}$$

至少出現一次正面的機率是 3/4。

接下來，我們就用全機率公式來算一算萊斯特城隊奪冠的機率。為了

1.5　全機率公式：英超冠軍爭奪戰

簡化計算過程，我們僅用積分來衡量萊斯特城隊奪冠的可能性。過去 17 個賽季，英超冠軍的最低積分為 79 分；2000 年之後，英超冠軍的平均積分更是高達 87.5 分，就本賽季目前的積分情況，「低分冠軍」似乎已成定局。雖然萊斯特城隊現在領先優勢不小，但是，「永遠不要低估一顆冠軍的心」，那些苦苦追趕的隊伍有可能在最後七輪變身瘋狂的搶分機器。因此，老帥拉涅利為球隊定下了 79 分的目標，他認為，如果萊斯特城隊在賽季結束時的積分能夠達到甚至超過 79 分，便一定能奪冠。我們也以 79 分為標準，計算萊斯特城隊奪冠的機率。

萊斯特城隊奪冠的機率，等價於萊斯特城隊獲得不低於 79 分的機率。31 輪過後，萊斯特城隊積 66 分，距離 79 分還有 13 分。

設隨機事件 A：萊斯特城隊獲得至少 13 個積分。

根據全機率公式：

P(A) = P(A| 萊斯特城第 32 輪取勝)·P(萊斯特城第 32 輪取勝) +
　　　 P(A| 萊斯特城第 32 輪打平)·P(萊斯特城第 32 輪打平) +
　　　 P(A| 萊斯特城第 32 輪告負)·P(萊斯特城第 32 輪告負)
　 = P(萊斯特城後 6 輪取得至少 10 分)·P(萊斯特城第 32 輪取勝) +
　　　 P(萊斯特城後 6 輪取得至少 12 分)·P(萊斯特城第 32 輪打平) +
　　　 P(萊斯特城後 6 輪取得至少 13 分)·P(萊斯特城第 32 輪告負)

然後，我們還可以用全機率公式來計算 P(萊斯特城後 6 輪取得至少 10 分)、P(萊斯特城後 6 輪取得至少 12 分) 和 P(萊斯特城後 6 輪取得至少 13 分)，按照同樣的思路繼續分解下去，直到最後一輪比賽。對於每一場比賽，我們要估計出萊斯特城隊獲勝的機率，然後將這些機率代入全機率公式中，便可以求得 P(A)。

我知道，我食言了，我沒有算出萊斯特城隊的奪冠機率；其實，我本就沒打算真正去計算這個機率，畢竟我們已經學習到了全機率公式的用法，這就足夠了。至於萊斯特城隊能否奪冠，我們只需要重溫老帥拉涅利的那句話就可以了——「萊斯特能奪冠嗎？我不知道，但能被問這個問題

就足夠美妙了。在這個金錢衡量一切的時代，我們給了每個人希望。」

第二章
隨機變量

導語：骰子是世人皆知的賭博道具。這個小小的賭博道具，對機率思想的啟蒙做出了不可磨滅的貢獻，伽利略、帕斯卡、費馬等數學家，從骰子的研究中發現了隨機事件的數學本質，它就是隨機變量。

2.1　隨機變量：骰子遊戲

　　骰子，又稱色子，是全世界都熟知的賭博道具。骰子的歷史可以追溯到古巴比倫、古埃及時期，在中國古代的賭場裡，也是賭博道具的不二之選。你可不能小看這小小的骰子，它對機率思想的啟蒙做出了不可磨滅的貢獻。

　　文藝復興時期，義大利學者吉羅拉莫・卡爾達諾曾撰文研究骰子原理：「在下注之前，你需要知道所有可能的結果，然後對比一下輸贏的結果各有多少種，再按照這個比例去規定獎金，這樣才能確保賭局的公平。」這大概是「機率思想」最早的啟蒙，在當時是相當有革命性的思想。

　　其後，著名的物理學家伽利略，也對賭博中的數學原理產生了興趣，並撰寫了《骰子的研究》一書，在書中，他開創性研究了擲多個骰子時可能出現的點數，以及這些點數會在怎樣的情況下出現。在那之後，賭博中的數學問題引起了很多學者的思考和討論，其中包括著名數學家帕斯卡和費馬。

第二章／隨機變量

2.1 隨機變量：骰子遊戲

讓我們回到過去，一起來看一看在機率論尚未建立時，聰明人是怎麼利用骰子賺錢。

擲骰子遊戲

據記載，一個化名莫雷的賭徒曾經靠一個骰子遊戲賺了很多錢，遊戲的玩法是：連續擲骰子 4 次，如果出現至少一個 6 點，則莫雷贏；反之，莫雷輸。要弄清楚莫雷為什麼總是贏，就要計算一下雙方贏的機率。要計算擲 4 次至少出現一個 6 點的機率，可以用逆向思維，計算擲 4 次沒有任何一次出現 6 點的機率，再用 1 減去算出的機率即可，由於每次擲骰子都是彼此獨立的，因此：

P(莫雷贏) = 1－P(擲 4 次沒有任何一次出現 6 點)
= 1－P(第 1 次沒出現 6 點)×P(第 2 次沒出現 6 點)×
P(第 3 次沒出現 6 點)×P(第 4 次沒出現 6 點)
= 1－(5/6)×(5/6)×(5/6)×(5/6)
= 0.518

相對的，P(莫雷輸)=(5/6)×(5/6)×(5/6)×(5/6)=0.482

莫雷贏得賭局的機率總是大於對手，所以莫雷可以靠這個賭局賺到錢，對嗎？

不對！因為賭徒賺的可不是機率，是真金白銀，我們忘記了賭局上最重要的東西──籌碼。在莫雷的賭局中，雙方的籌碼是對等的，假定為「1 兩黃金」，也就是說，莫雷和對手各自拿出 1 兩黃金作為籌碼，如果出現了 6 點，莫雷拿走對手的 1 兩黃金，如果沒出現 6 點，莫雷將 1 兩黃金送給對手。如表 2-1 所示，我們設定了一個關聯關係──賭局結果與莫雷贏得的籌碼之間的關聯，莫雷贏得一兩黃金的機率是 0.518，莫雷輸掉 1 兩黃金的機率是 0.482，如果將籌碼的單位去掉，便可以表示成「+1」對應的機率是 0.518，「-1」對應的機率是 0.482。

在機率論中，莫雷贏得的籌碼就是一個隨機變量。

表 2-1　莫雷賭局的結果

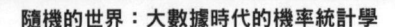

賭局結果	機率	莫雷贏得的籌碼
莫雷贏	0.518	+1(贏得一兩黃金)
莫雷輸	0.482	-1(輸掉一兩黃金)

隨機變量

假設隨機試驗有若干個可能的結果 $A_1, A_2, ..., A_n$，如果變量 X 滿足：$A_1, A_2, ..., A_n$ 每一個都對應 X 的一個數值，那麼，X 就稱為隨機變量。

上面的例子中，賭局是隨機試驗，賭局有兩種可能的結果 A_1：莫雷贏，A_2：莫雷輸，莫雷贏得的籌碼是變量 X，A_1 對應 X=+1，A_2 對應 X=-1，所以，X 是一個隨機變量。也就是說，隨機試驗的每一個結果都對應 X 的一個值。

一個隨機試驗可以包含不止一個隨機變量，我們仍以骰子遊戲為例。

小紅、小黃和小藍三個小朋友玩骰子遊戲，規則是：丟一次骰子，出現一點或二點，小紅贏；出現三點或四點，小黃贏；出現五點或六點，小藍贏。遊戲開始時，三個小朋友各自有五塊泡泡糖，每局的賭注是一人一塊泡泡糖，賭局一直進行到有人輸光為止。

骰子的每個點數出現的機率都是 1/6，遊戲中有三位小朋友，可以設定三個隨機變量，分別是：

- 隨機變量 X：小紅一局贏得的泡泡糖數量；
- 隨機變量 Y：小黃一局贏得的泡泡糖數量；
- 隨機變量 Z：小藍一局贏得的泡泡糖數量。

我們把遊戲結果和隨機變量一一列出，如表 2-2 所示。

2.1 隨機變量：骰子遊戲

表 2-2 骰子遊戲的結果與隨機變量

遊戲結果	機率	X(小紅)	Y(小黃)	Z(小藍)
一點	1/6	+2	-1	-1
二點	1/6	+2	-1	-1
三點	1/6	-1	+2	-1
四點	1/6	-1	+2	-1
五點	1/6	-1	-1	+2
六點	1/6	-1	-1	+2

離散與連續

有這樣一串數字：1231, 1231, 345, 345, 5654, 31, 5654, 31, 2510, 2510，你能發現這串數字的奧祕嗎？

也許有些讀者一眼就看穿了我的把戲，但我還是不想現在就公布答案，我們先來討論隨機變量的兩個平行世界——離散和連續。

現在，環顧你的四周，你能看到什麼？你的手、這本書、手機、綠植等，這是我們看到的世界——宏觀世界，這個世界裡的東西總是可以用計數的，比如，你有兩隻手，你的手上有一本書，你有一部手機，手機裡有兩張 SIM 卡，你的盆栽又生出了一片新葉。可是，世界並非全部如你所見。你一定記得，多年前的生物課上，當你第一次從顯微鏡裡看到一團蠕動的細胞時，是多麼的驚訝和好奇，那彷彿是另一個世界！科學告訴我們，顯微鏡下的細胞與我們看到的綠葉身處同一個世界，只不過它們太微小了，我們看不到。我們常把肉眼看到的世界稱為宏觀世界，把那個看不見的世界稱為微觀世界。

在數學世界裡，也有宏觀與微觀的劃分。我們從小學習的四則運算、一元二次方程等都是「宏觀世界」的數學語言，直到我們遇上那幾個讓人抓狂的符號——「$\int, \Delta, \partial$」。從此，我們進入了數學的「微觀世界」，那些簡單的四則運算在「微觀世界」裡全變了模樣，它們演化成全新的運算規劃——微積分。微微分擴張了機率論的疆域，隨機變量不再只是賭徒的籌

039

碼，它也可以是時間、溫度，於是，隨機變量便自然地劃分為兩類——離散與連續。

離散隨機變量，指的是隨機變量的取值是有限的或可列無限個。比如，小紅一局贏得的泡泡糖數量只有兩個可能的取值；又如，一個把所有正整數都刻在上面的骰子，這個骰子擲出的點數可能是任何一個正整數，這就是「可列無限個」的離散隨機變量。

連續隨機變量，指的是隨機變量的取值有無限多個並且不可列出。當我們把時間、溫度、空間等無法一一羅列出來的指標作為隨機變量的時候，連續隨機變量就出現了。

有關離散隨機變量和連續隨機變量的討論才剛剛開始，在後續章節中，我們會認識很多常用的隨機變量，它們有些是離散的，有些是連續的，但無一例外地都是機率論的重要成員。有關離散和連續的關係，我想了很久，想到了一個比喻：音符與音樂。一首曲子，曲譜只是一個個「離散」的數字，沒有規律，沒有內涵，但當這曲譜被演奏出來時，「離散」的數字化為「連續」的音樂，悠揚的響起，讓你陶醉，而你早已忘卻了那一個個分離的音符，這就是「離散」與「連續」的完美結合。

最後，我要告訴你，那一串貌似神祕的數字其實是一首歌的樂譜，歌名是——《兩隻老虎》。

2.2　期望與變異數：百變骰子

在當下的資訊時代，人人生產資訊，人人分享資訊，我們忽然意識到，最稀缺的資源早已不是資訊，而是人們的注意力。無論是一篇網路文章、一本漫畫，還是一部電影，引起人們注意的不二法則就是——簡潔明確的特徵。網路文章要有充滿懸疑的話題；漫畫要有個性鮮明的畫風；電影則最好有一兩個大牌明星，一切都要有特徵，沒有特徵，便會淪為平庸。

2.2 期望與變異數：百變骰子

在機率論的世界裡，隨機變量也像網路文章、漫畫和電影一樣需要特徵，這些特徵應該能夠反映一個隨機變量的本質，這些特徵主要有兩個，一個叫期望；另一個叫變異數。

假定有四個不同的骰子，如圖 2-1 所示，這四個骰子會帶領我們認識期望和變異數。

期望

期望是隨機變量的第一個特徵，它類似於我們常說的平均數，但又不是簡單的求和平均。我們沿用上一節的例子來說明什麼是期望。

還記得莫雷的骰子賭局嗎？表 2-3 列出了莫雷賭局所有可能出現的結果，隨機變量 X 表示莫雷贏得的籌碼。根據 X 的取值和對應的機率，可以計算出 X 的期望：

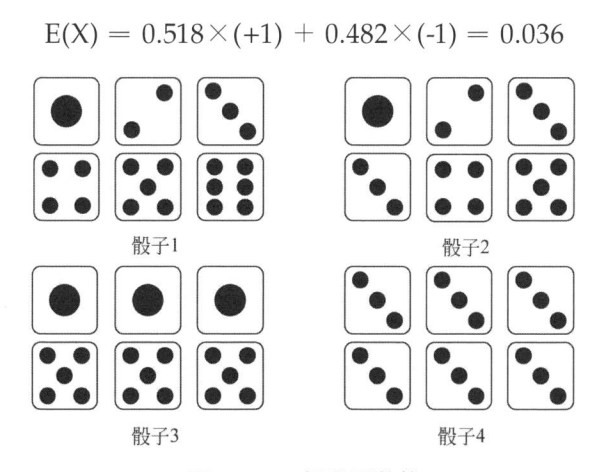

$$E(X) = 0.518 \times (+1) + 0.482 \times (-1) = 0.036$$

圖 2-1 四個骰子遊戲

由此，我們可以得到這樣的結論：莫雷每一局所贏籌碼的期望是 0.036 兩黃金。

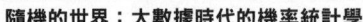

表 2-3　莫雷賭局的結果

賭局結果	機率	X(莫雷贏得的籌碼)
莫雷贏	0.518	+1（贏得一兩黃金）
莫雷輸	0.482	-1（輸掉一兩黃金）

數學期望，簡稱期望，是隨機變量的所有取值以對應機率為權重的加權求和。換言之，隨機變量的每一個取值乘以它對應的機率，再相加求和，就得到了隨機變量的期望。

設隨機變量 X 有 n 個取值，分別是 $x_1, x_2, ..., x_n$，對應的機率分別是 $p_1, p_2, ..., p_n$，那麼 X 的期望 E(X) 是：

$$E(X) = x_1 \cdot p_1 + x_2 \cdot p_2 + \cdots + x_n \cdot p_n$$

這裡需要說明，上一節我們提到過，隨機變量分為離散和連續兩種，由於連續性隨機變量的計算涉及微積分，超出了本書的討論範圍，所以，本章只討論離散隨機變量。

下面，我們透過兩個骰子遊戲進一步理解期望。

骰子遊戲一

擲骰子一次，隨機變量 X 是擲出的點數，計算 X 的期望。

我們如法炮製，列出 X 的取值和對應的機率，如表 2-4 所示。由此可以求得期望：

$$\begin{aligned} E(X) &= (1/6) \times 1 + (1/6) \times 2 + (1/6) \times 3 + (1/6) \times 4 + \\ &\quad (1/6) \times 5 + (1/6) \times 6 \\ &= 3.5 \end{aligned}$$

表 2-4　骰子遊戲一中隨機變量取值和機率

遊戲結果	機率	X(點數)
一點	1/6	1
二點	1/6	2
三點	1/6	3

2.2 期望與變異數：百變骰子

四點	1/6	4
五點	1/6	5
六點	1/6	6

這個骰子的點數期望是 3.5，可是，骰子上可沒有 3.5 這個點數，期望值是 3.5 代表了什麼呢？

帶著這個疑問，我們換一個骰子，把原來的六點改成三點，重新來過。

骰子遊戲二

擲骰子一次，隨機變量 X 是擲出的點數，計算 X 的期望。根據表 2-5，可以求得期望：

$$E(X) = (1/6)\times 1 + (1/6)\times 2 + (1/6)\times 3 + (1/6)\times 3 + (1/6)\times 4 + (1/6)\times 5$$
$$= 3$$

表 2-5 骰子遊戲二中隨機變量取值和機率

遊戲結果	機率	X（點數）
一點	1/6	1
二點	1/6	2
三點	1/6	3
三點	1/6	3
四點	1/6	4
五點	1/6	5

這一次，點數的期望值是 3.0，剛好是 X 可能出現的點數，似乎是一個有意義的結果。可是，意義在哪裡？難道反覆拋擲骰子 B，最終就會一直出現 3.0 嗎？顯然不是。

讀者可以自己設計幾個骰子，算一算它們的點數期望，看看期望和點數之間是不是存在連繫。最終我們會發現：期望並不一定是隨機變量的某一個值，期望可以是任何數值，即使它剛好與隨機變量的某個取值相同，也與這個取值沒有任何關係。期望只是隨機變量的一個特徵值，它就像一

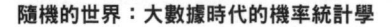

個球體的「球心」,隨機變量的取值好比球體內的點,這些點分布在球心周圍,甚至就是球心本身。因此,用期望來描述隨機變量,就好像用球心來描述一個球體。但是球心不足以描述球體的全部特徵,球體還有另一個特徵——「半徑」,隨機變量的另一個特徵「變異數」正是用來描述「半徑」。

變異數

我們繼續玩骰子遊戲。

骰子遊戲三

如圖 2-1 所示,骰子三有六個面,卻只有兩個點數——1 點和 5 點,表 2-6 列出了隨機變量 X 的取值和機率,由此可以求得期望:

E(X) = (1/6)×1 + (1/6)×1 + (1/6)×1 + (1/6)×5 + (1/6)×5 + (1/6)×5
= 3

骰子 3 的點數期望與骰子二一樣,可是,這兩個骰子明顯是不同的,這時我們需要用變異數來區分這兩個骰子。

表 2-6　骰子遊戲二中隨機變量取值和機率

遊戲結果	機率	X(點數)
一點	1/6	1
一點	1/6	1
一點	1/6	1
五點	1/6	5
五點	1/6	5
五點	1/6	5

變異數是隨機變量取值與期望之差的平方,以對應機率為權重的加權求和。換言之,隨機變量的每一個取值減去期望,求平方,再乘以它對應的機率,最後求和,就得到了隨機變量的期望。

標準差是變異數的平方根,是與期望具有可比性的一個特徵值。

2.2 期望與變異數：百變骰子

設隨機變量 X 有 n 個取值，分別是 $x_1, x_2, ..., x_n$，對應的機率分別是 $p_1, p_2, ..., p_n$，那麼隨機變量 X 的變異數 Var(X) 和標準差 σ(X) 分別是

$$Var(X) = p_1 \cdot [x_1 - E(X)]^2 + p_2 \cdot [x_2 - E(X)]^2 + \cdots + p_n \cdot [x_n - E(X)]^2$$
$$\sigma(X) = \sqrt{Var(X)}$$

變異數和標準差總是在一起使用，用來表示隨機變量偏離期望的程度，偏離的程度越大，變異數和標準差也越大，反之則越小。

以骰子二和骰子三為例，前面已經計算過，它們的點數期望都是 3，我們來計算變異數和標準差。

骰子二的點數的變異數是：

$$Var(X) = (1/6) \times (1-3)^2 + (1/6) \times (2-3)^2 + (1/6) \times (3-3)^2 +$$
$$(1/6) \times (3-3)^2 + (1/6) \times (4-3)^2 + (1/6) \times (5-3)^2$$
$$= 1.67$$

骰子二的點數的標準差是：

$$\sigma(X) = \sqrt{1.67} \approx 1.29$$

骰子三的點數的變異數是：

$$Var(X) = (1/6) \times (1-3)^2 + (1/6) \times (1-3)^2 + (1/6) \times (1-3)^2 +$$
$$(1/6) \times (5-3)^2 + (1/6) \times (5-3)^2 + (1/6) \times (5-3)^2$$
$$= 4$$

骰子三的點數的標準差是：

$$\sigma(X) = \sqrt{4} = 2$$

很明顯，骰子三的點數變異數大於骰子二的點數變異數，這說明骰子三的點數距離期望值更「遠」一些，或者說，骰子三的點數更加分散，這一點從表 2-5 和表 2-6 中也可以看出。如果點數距離期望值非常近會怎樣呢？

骰子遊戲四

如圖 2-1 所示，骰子四有六個面，每個面都是 3 點，表 2-7 列出了隨機

變量 X 的取值和機率，由此可以求得期望：

$$E(X) = (1/6) \times 3 + (1/6) \times 3 + (1/6) \times 3 + (1/6) \times 3 + (1/6) \times 3 + (1/6) \times 3$$
$$= 3$$

變異數：

$$Var(X) = (1/6) \times (3-3)^2 + (1/6) \times (3-3)^2 + (1/6) \times (3-3)^2 + (1/6) \times (3-3)^2 + (1/6) \times (3-3)^2 + (1/6) \times (3-3)^2$$
$$= 0$$

標準差自然也是 0。

表 2-7　骰子遊戲四中隨機變量取值和機率

遊戲結果	機率	X（點數）
三點	1/6	3
三點	1/6	3
三點	1/6	3
三點	1/6	3
三點	1/6	3
三點	1/6	3

骰子遊戲四是一個極限情況，即隨機變量的每一個值都一樣，這時，期望一定就是這個值，變異數也一定是 0——變異數和標準差的最小值。事實上，這樣的極端情況僅存在理論可能性，並無實際意義，骰子的所有點數都相同，又何談隨機變量和機率呢？

共變異數與相關係數

兩個隨機變量 X 和 Y 組合起來構成的隨機變量 (X,Y) 稱為二維隨機變量，二維隨機變量的變異數稱為共變異數。

以骰子一和骰子二為例，設隨機變量 X 為骰子一的點數，隨機變量 Y 為骰子二的點數，X 和 Y 組成一個二維隨機變量 (X,Y)，(X,Y) 的機率分布

2.2 期望與變異數：百變骰子

如表 2-8 所示。X 和 Y 的共變異數用 Cov(X,Y) 表示，計算公式為：

$$Cov(X,Y) = E\{[X-E(X)][Y-E(Y)]\}$$

由此前的計算結果可知：

$$E(X) = 3.5$$
$$E(Y) = 3$$

由表 2-8 中的數據，可以計算得到 X 和 Y 的共變異數為：

$$Cov(X,Y) = 0$$

計算出共變異數，便可以進而計算出隨機變量 X 和 Y 的相關係數 ρ_{XY}，相關係數的計算公式為

$$\rho_{XY} = \frac{Cov(X,Y)}{\sigma_X \sigma_Y}$$

表 2-8 二維隨機變量 (X,Y) 的機率分布 (1)

Y \ X	1	2	3	4	5	6	P(Y=i)
1	1/36	1/36	1/36	1/36	1/36	1/36	1/6
2	1/36	1/36	1/36	1/36	1/36	1/36	1/6
3	1/18	1/18	1/18	1/18	1/18	1/18	1/3
4	1/36	1/36	1/36	1/36	1/36	1/36	1/6
5	1/36	1/36	1/36	1/36	1/36	1/36	1/6
P(X=i)	1/6	1/6	1/6	1/6	1/6	1/6	1

相關係數 ρ_{XY} 可以用來判斷隨機變量 X 和 Y 的線性相關關係，$\rho_{XY}=0$ 說明 X 和 Y 不存在線性相關關係，$\rho_{XY} \neq 0$ 說明 X 和 Y 存在線性相關關係。上述例子中，由於 Cov(X,Y) 為 0，所以 ρ_{XY} 也為 0，這說明骰子一的點數和骰子二的點數沒有線性相關關係。

表 2-9 是另一組二維隨機變量的機率分布，這是由兩個標準骰子的點數組合而成的二維隨機變量，根據共變異數和相關係數的定義，可以計算得到：

$$Cov(X,Y) = -2.92$$

$$\rho_{XY} = -1$$

這說明 X 和 Y 存在線性相關關係，觀察表中數據可以看出，X 和 Y 的關係是 Y = 7－X，這也驗證了我們的結論的是正確的。

表 2-9　二維隨機變量 (X,Y) 的機率分布 (2)

Y \ X	1	2	3	4	5	6	P(Y=i)
6	1/6	0	0	0	0	0	1/6
5	0	1/6	0	0	0	0	1/6
4	0	0	1/6	0	0	0	1/6
3	0	0	0	1/6	0	0	1/6
2	0	0	0	0	1/6	0	1/6
1	0	0	0	0	0	1/6	1/6
P(X=i)	1/36	1/36	1/36	1/36	1/36	1/36	1

表 2-10 是第三組二維隨機變量的機率分布，根據共變異數和相關係數的定義，可以計算得到：

$$Cov(X,Y) = 0$$
$$\rho_{XY} = 0$$

這說明 X 和 Y 不存在線性相關關係。觀察表中數據可以看出，X 和 Y 的關係是 $Y=X^2$，也就是說，$\rho_{XY}=0$ 只能用於說明兩個隨機變量不存在線性相關關係，無法判斷二者是否存在非線性相關關係，這一點讀者一定要謹記。

表 2-10　二維隨機變量 (X,Y) 的機率分布（3）

Y \ X	1	2	3	4	5	6	P(Y=i)
1	1/6	0	0	0	0	0	1/6
4	0	1/6	0	0	0	0	1/6
9	0	0	1/6	0	0	0	1/6
16	0	0	0	1/6	0	0	1/6
25	0	0	0	0	1/6	0	1/6
36	0	0	0	0	0	1/6	1/6

P(X=i)	1/6	1/6	1/6	1/6	1/6	1/6	1

2.3 大數法則：莊家的信條

全世界有四個地方不宜久留，因為一旦到了那裡，就會急不可待地把自己的錢拱手送人，它們就是世界四大賭城──亞洲的澳門、歐洲的摩納哥以及美國的大西洋城和拉斯維加斯。

提起賭場，我們自然會想到很多經典橋段：「賭神」總是能夠在最危急的時刻祭出唯一一張制勝牌，不僅讓惡人輸得體無完膚，還會抱得美人歸；可是，現實中的賭場裡，根本不存在什麼「賭神」，每個人都只是一個玩家。如果你是一個賭場新手，你的運氣總是會出奇的好，你下注，贏錢，再下注，又贏了錢，你掃視周圍的玩家，他們搖頭、癟嘴、抱怨，只有你在暗自叫好：哈哈，我贏了他們的錢！你開始產生「賭神」附體的幻覺，你繼續下注，一盤又一盤，最後，所有人的錢都輸光了──自然也包括你。

你問：錢都去哪兒了？

我答：錢被「莊家」贏走了。

你問：誰是莊家？怎麼贏的？

我答：莊家就是賭場，是那個為你準備撲克牌和香檳的人，他雖然沒出現在賭桌前，卻悄無聲息的賺到了錢，他的信條總是會護佑他，讓他賺到錢。

你問：他的信條是什麼？

我答：全世界莊家的共同信條正是機率論中最經典的理論──大數法則。

大數法則

在拋硬幣的例子裡，有一個重要的前提條件——硬幣的正面與反面出現的機率各為 50%。你覺得這看起來一定是對的嗎？科學不相信感覺，科學相信實驗。

下面，請準備好一枚一角的硬幣（因為一角更輕），一起做拋硬幣的實驗。實驗過程是：高高拋起硬幣並接住，每拋一次，都把結果記錄下來，正面的次數 X 和反面的次數 Y 分別記錄。

拋到 10 次，結果是，正面 3 次，反面 7 次。

拋到 100 次時，結果是，正面 43 次，反面 57 次。

拋到 200 次時，結果是，正面 97 次，反面 103 次。

拋到 1000 次時，結果是，正面 513 次，反面 487 次。

這個實驗可以永遠進行下去，實驗的目的不是找到某一次拋擲，使得 X 和 Y 剛好相等，實驗的目的是觀察 X 和 Y 的變化趨勢。因此，實驗暫時只進行到一千次。圖 2-2 是根據拋擲過程繪製出的曲線，曲線代表的是正面所占的比例，即 X/(X + Y) 隨拋擲次數的變化。

2.3 大數法則：莊家的信條

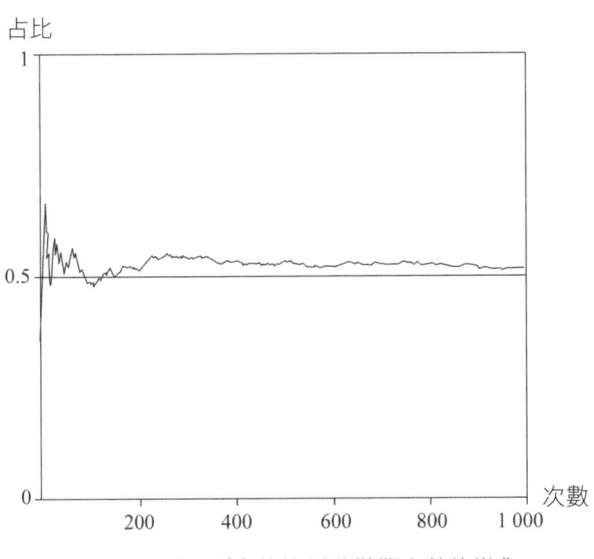

圖 2-2 正面所占的比例隨拋擲次數的變化

　　圖中曲線呈現的特徵是，當拋擲次數很少時，正面所占比例的變化幅度很大，並且與 0.5 的差值比較大，隨著拋擲次數越來越多，正面所占的比例的變化幅度越來越小，而且一直圍繞在 0.5 的周圍。根據這條曲線，我們甚至可以預期：一千次之後的曲線，還會在 0.5 周圍徘徊，感興趣的讀者可以把實驗繼續做下去。

　　大數法則，指的是隨機事件發生的頻率，會隨著隨機試驗次數的不斷增加趨向於它的機率，簡單來說就是，試驗次數越多，頻率離機率越近，而且越穩定。在上面的實驗中，隨機事件是「拋硬幣出現正面」，頻率是「正面出現所占的比例 X/(X + Y)」，隨著拋擲次數的增加，這個頻率越發趨近機率值 0.5，大數法則像一隻「看不見的手」，掌控著試驗過程。

空手套利的莊家

　　我們回到賭場，坐回到賭桌前，看一看大數法則是怎麼暗中幫助莊家賺到錢的。

　　我們要玩的是賭場裡很流行的一個遊戲——大轉盤。遊戲的道具是如

051

圖 2-3 所示的大轉盤，轉盤上有三十八個格子，格子裡填寫了 1～36 的數字和兩個特殊數字 0、00，玩家的下注方式有很多種，比如下注奇數，下注黑色格子的數字，或者下注某一個數字。這裡需要特別說明的是，0 和 00 這兩個數字不包含在任何賭注中，這兩個數字是留給莊家的，也就是說，當轉盤的指針最終指向 0 或 00 時，莊家贏得所有的籌碼。

我們挑選贏的機率最大和最小的兩種賭注。

贏的機率最小的賭注是下注某一個數字，當玩家下注某一個數字時，他贏的機率是 1/38，而此時莊家贏的機率是 2/38，很顯然，玩家會輸給莊家！

贏得機率最大的賭注是下注黑色（或紅色）數字，當玩家下注黑色（或紅色）數字時，他贏的機率是 18/38，這時，莊家贏的機率仍然是 2/38，很顯然，玩家會戰勝莊家！

很顯然，上面的分析是錯的！

因為玩家和莊家要贏的是籌碼，可不是機率！機率只是我們分析賭局的工具，玩家們真正關注的不是機率，而是所贏籌碼的期望。為了計算所贏籌碼的期望，我們首先要瞭解賭場裡一個重要的常識——賠率。

賠率是賭場為每一個賭注設置的「賠錢比例」，比如，在 2015 到 2016 賽季英超聯賽開始前，博彩公司為萊斯特城隊開出的奪冠賠率是 1:5,000，這個比例的含義是，玩家用 1 英鎊下注萊斯特城隊奪冠，如果萊斯特城隊最終奪冠，博彩公司會付給玩家 5,000 英鎊（含玩家下注的一英鎊）；同時，兵工廠的奪冠賠率是 1:3.5，即，下注兵工廠奪冠一英鎊的玩家，即使贏了也只能得到 3.5 英鎊。從這樣的賠率可以看出，在英超聯賽開始之前，博彩公司看好兵工廠奪冠，看衰萊斯特城隊奪冠，這就是賠率的含義。

表 2-11 給出了大轉盤中各類賭注的賠率，我們利用這些賠率來計算玩家和莊家所贏籌碼的期望。

2.3 大數法則：莊家的信條

表 2-11 美式大轉盤賠率

下注類型	莊家開出的賠率
紅色（或黑色）	1:2
偶數（或奇數）	1:2
1～18（或 19～36）	1:2
任意 12 個數字	1:3
任意兩行數字	1:4
任意四個數字	1:9
任意一行數字	1:12
兩個相鄰數字	1:18
一個數字	1:36

假設玩家拿一個籌碼下注某一個數字，他贏的機率是 1/38，贏了可以得到 35 個籌碼，輸的機率是 37/38，輸了會輸掉這一個籌碼，所以玩家所贏籌碼的期望是：

E(玩家下注某個數字時，玩家所贏籌碼) = $1/38 \times 35 + 37/38 \times (-1)$
$= -1/19$
$= -0.0526$

與玩家相對的，莊家所贏籌碼的期望是：

E(玩家下注某個數字時，莊家所贏籌碼) = $1/38 \times (-35) + 37/38 \times (+1)$
$= 1/19$
$= 0.0526$

用同樣的方法，可以計算出玩家下注黑色數字時，玩家和莊家所贏籌碼的期望：

E(玩家下注黑色數字時，玩家所贏籌碼) = $18/38 \times (+1) + 20/38 \times (-1)$
$= -1/19$
$= -0.0526$

E(玩家下注黑色數字時，莊家所贏籌碼) = $18/38 \times (-1) + 20/38 \times (+1)$
$= 1/19$
$= 0.0526$

事實上，不論何種賭注，玩家所贏籌碼的期望都是 -0.0526，莊家所贏

籌碼的期望都是 0.0526，讀者們可以選擇其他類型的賭注自行驗證。

至此，我們終於看清了大轉盤的本來面目，它是一個典型的「零和賽局」，莊家贏的籌碼等於玩家輸掉的籌碼，平均意義上看，玩家每下注 1 個籌碼，就會輸掉 0.0526 個籌碼，同時莊家會贏得 0.0526 個籌碼。0.0526 看起來很微小，這正是莊家想要的效果，玩家就像溫水中的青蛙，沉浸在賭局中，卻不知自己的錢正在像沙漏中的細沙一樣，緩緩地流進了莊家的錢袋。

在這個賭局中，莊家要做到穩賺不賠，就要滿足大數法則實現的條件：實驗次數足夠多。因此，莊家會想方設法地吸引玩家不停地玩下去，玩家越是沉迷於其中，莊家賺到的籌碼也越多，這就是莊家空手套利的祕密。

大轉盤示意圖如圖 2-3 所示。

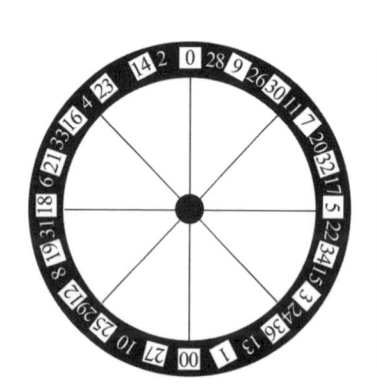

圖 2-3　大轉盤示意圖

大數法則的誤解

大數法則是機率論中最重要的定理，同時也是最容易被誤解的定理。

在拋硬幣試驗中，我們發現，正面出現的頻率隨著拋擲次數的增加，越來越接近 0.5 並且越來越穩定，這是大數法則作用於其中的結果，那麼這是否也說明，隨著拋擲次數的增加，正面出現的次數和反面出現的次數也

2.3 大數法則：莊家的信條

越來越接近呢？

在回答之前，我們需要分辨兩個數學參量——相對頻率和絕對頻率。我們用 X 表示正面出現的次數，Y 表示反面出現的次數，N 表示拋擲次數。正面出現的相對頻率是指 X/(X + Y)，正面出現的絕對頻率是 X 本身，正面與反面出現次數的絕對頻率差是 X—Y。我們已知，當 N 越來越大時，X/(X + Y) 會趨近於 0.5 時，此時 X—Y 是否也趨於 0 呢？我們透過實驗來驗證。

圖 2-4 是拋擲硬幣 1,000 次得到的兩條曲線圖，左圖為相對頻率 X/(X + Y) 與拋擲次數 N 的關係曲線，右圖為絕對頻率差 X—Y 與拋擲次數 N 的關係曲線。右圖中，隨著 N 的增大，X—Y 並沒有越來越趨近於 0，仍然變化不定。透過這個反例，我們可以否定「正面出現次數與反面出現次數越來越接近」的說法。更加反直覺的結論是，X 與 Y 相等的機率會隨著 N 的增加越來越小！這個結論會在「二項分布」一節中做出解釋。

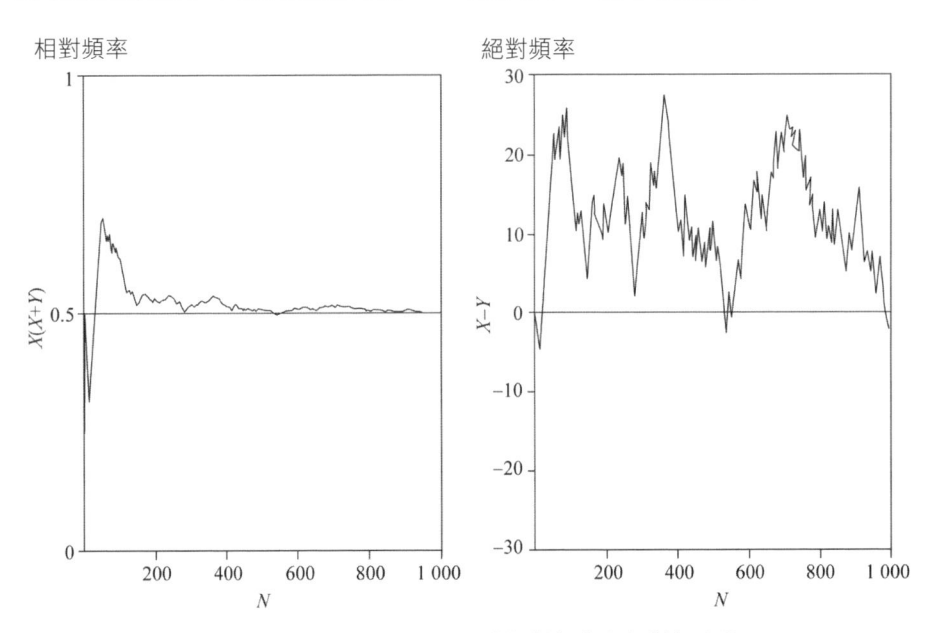

圖 2-4　拋擲硬幣 1,000 次的相對頻率和絕對頻率差

在很多賭博遊戲中，玩家會對大數法則有另一個誤解：如果反覆進行

的試驗偏向某些結果，那麼後邊的試驗結果很可能會偏向其他結果。舉個例子，如果拋硬幣10次，正面出現了7次，反面出現了3次，下一次拋擲出現反面的機率會更大嗎？我們已經學過獨立事件，所以我們要相信，機率依然是50%。可是，這似乎和大數法則矛盾，我們要彌補正面與反面的差值才能讓正面出現的次數趨於0.5，難道不是嗎？

還真不是！事實上，要讓機率趨近於0.5，我們根本不需要彌補此前的不均衡。舉一個極端的例子，假如接下來，每拋10次，都會出現5次正面、5次反面，那麼，拋擲20次時，正面出現的相對頻率會從0.7下降到0.6，再拋10次會下降到0.57，再拋10次會下降到0.55，以此類推，越來越趨近於0.5。也就是說，只要硬幣一直隨機出現正反兩面，大數法則依然成立，根本不需要刻意彌補此前的空缺！從另一個角度來看，隨著拋擲次數的逐漸增加，前10次的拋擲結果對相對頻率的貢獻越來越小。因此，我們並不需要彌補這個小小的缺口。

總之，大數法則只是在描述隨機現象的規律，它只會告訴你長期的、平均的情況，但無法預測未來。

第三章
統計

導語：機率和統計像一對性格迥異的兄弟，機率是理想主義的「文藝青年」；統計是務實精幹的「普通青年」。機率喜歡提出很多「假設」和「近似」；統計則只顧著蒐集數據，分析數據，尋找數據中隱藏的祕密。

3.1　從樣本到總體：管中窺豹

前面兩章，我們學習了機率的基礎知識，本章我們一起來認識機率的親兄弟——統計。

如果說機率論像一個理想主義的「文藝青年」，統計學則是一個務實精幹的「普通青年」，在統計學中沒有那麼多「假設」和「近似」，統計學研究實實在在的數據，從數據中發現規律，再利用規律指導我們的行動。因此，數據是統計學的基礎。

在統計學中，數據被自然的分為兩類：樣本與總體。舉個例子，假設味多美公司剛剛推出了一款巧克力慕斯蛋糕，為了測試這款蛋糕的受歡迎程度，味多美在很多超市裡舉辦免費試吃，並讓試吃者填寫一份簡單的調查問卷。試吃活動進行了兩週，收到了一萬多份問卷。味多美整理分析了這些調查問卷的內容，針對不同年齡、不同性別的消費者各自進行了分析，發現年輕男性十分喜歡這款蛋糕，於是味多美決定，到中關村和理工科大學去推廣這款蛋糕。

3.1 從樣本到總體：管中窺豹

在這個虛構的例子中，味多美公司想要測試新款蛋糕的受歡迎程度，如果能讓所有消費者都試吃一次，那麼就可以從試吃結果中精確地找到喜歡這款蛋糕的人群；但這麼做成本高的離譜，顯然無法實現。於是它退而求其次，挑選幾個超市開展試吃活動，吸引一部分消費者來品嚐，獲得他們的反饋。從統計學的角度來看，「所有消費者的反饋」是總體，「部分消費者的反饋」是樣本。

總體，是指一個試驗中所有可能的觀察值。這些觀察值有時是有限多個，比如全校學生的身高；有時是無限多個，比如宇宙中的所有行星，統計學的目標是研究總體中包含的統計學規律。然而，總體往往難以全部獲得，因此，我們從總體中抽取一部分觀察值，透過研究它們的規律推理出總體的規律，這部分被抽取出來的觀察值就是樣本。從樣本推測總體，正如管中窺豹，雖然只「可見一斑」，卻依然要從這「一斑」推想出「全豹」。

數據會說謊

前面我們提到，數據是統計學的基礎，要學習統計學，首先要學會正確地看待數據，有時數據也會說謊。

有這樣一個思想實驗：很久很久以前，有一個原始人，他每天早晨從山洞裡跑出來，迎接日出，然後出去捕獵，直到太陽落山後，才跑回山洞裡睡覺。一天又一天，太陽升起又落下，每天晚上入睡時，他都十分確信，明天早晨，太陽會照常升起。

而在另一個地方，一個特別寒冷的地方，也有一個原始人。他的頭上一直懸著一個太陽，於是他以為，太陽會永遠發光。忽然有一天，太陽消失了，消失得無影無蹤，刺骨的寒冷奪去了他的生命。直到死去，他也不明白，太陽究竟去哪兒了。

兩個原始人看到了同一個太陽，卻對太陽的認識相去甚遠。這個簡單的思想實驗告訴我們，樣本的規律未必能代表總體的規律，你以為太陽升起落下是必然規律，是因為你沒去過北極。

在統計中，由片面的樣本推理總體的規律往往會以偏概全，這種現象被稱為「倖存者偏差」，更通俗的說法是──「死人不會說話」，第二次世界大戰時，美國戰鬥機的故事正說明了這一點。

第二次世界大戰，美英聯軍出動大量戰鬥機，對德國展開大規模空襲，但是德軍強大的防空火力讓美英聯軍遭受重創。為了對抗德軍的防空火力，美英聯軍找來了飛機領域的多位專家，要求他們研究戰鬥機的受損情況，對飛機的設計製造提出改進意見。飛機專家對執行任務歸來的飛機仔細地檢查，發現幾乎所有的飛機的機腹都傷痕累累，於是專家們建議加固機腹。

可是，美英聯軍最終沒有採納飛機專家的意見，反而加強了對機翼的防護。這是因為，國防部的一位統計學家認為，能夠幸運返航的飛機，機翼大多完好無損，這說明被擊中機翼的飛機都墜落了，而僅被擊中機腹的飛機卻能夠順利返航，說明機腹不是要害部位，不需要加固。因此，他建議美英聯軍加強對機翼的防護。

在上面的事例中，飛機學家由於缺少統計學知識，錯把順利返航的飛機與被擊落的飛機混為一談。他們把「順利返航的飛機」作為樣本，來推測總體的規律，恰恰掉入了「倖存者偏差」的陷阱中；反觀統計學家，從總體出發來尋找規律，雖然他無法觀察到被擊落的飛機，但他觀察順利返航的飛機之後，推測出了被擊落的飛機可能的受損情況，進而提出加固建議，是更合理的解題思路。這個例子除了提醒我們提防「倖存者偏差」之外，還告訴我們，清楚研究對象十分重要，被擊落的飛機才是正確的研究對象。

另有一類數據也容易混淆視聽，那就是「小機率事件」相關的數據。小機率事件是一些生活中非常稀有，但切實發生的事件，最常聽到的就是中大樂透和被雷劈。小機率事件的發生機率也是透過數據計算出來的，比如：要計算被雷劈中的機率，只需要用被雷劈中的人數除以總人口便可以得到，大約接近百萬分之一；然而，小機率事件由於樣本十分稀少，往往

3.1　從樣本到總體：管中窺豹

容易出現大幅波動，引起人們的誤解。

馬航 MH370 事故，讓空難再次發酵成一個熱點話題，在民航領域，衡量民航安全的重要指標是致死事故率，它是指每 100 萬次航班中的致死事故總數。在二十世紀後半葉，由英國和法國聯合研製的協和式超音速客機是全世界最安全的客機，在 2000 年 7 月的空難發生前，協和式飛機共飛行了約 8 萬次，從未發生過致死事故，因此致死事故率為 0；而與之同期的波音 737 飛機，飛行了約一億五百萬次，致死事故率為 0.41。然而，2000 年 7 月，協和式飛機不慎發生空難，僅僅這一次空難，使協和式飛機的致死事故率瞬間升至 12，一躍成為全球最危險的飛機！

另一個例子是謀殺率。謀殺率是衡量一個國家是否安全的重要指標，在任何一個長期穩定的國家，一年裡發生的謀殺案都很少，在人口 13 億的中國如此，在不足千人的梵蒂岡也是如此。梵蒂岡是全世界人口最少的獨立主權國家，不足千人，由瑞士衛兵團保衛國家安全。多年來，梵蒂岡從未發生過謀殺案件，直到 1998 年 5 月 4 日晚上，瑞士衛兵團隊長阿洛伊斯・伊斯特曼和妻子被槍殺。這一晚之後，梵蒂岡的謀殺率瞬間達到五百分之一，領先全球謀殺率排行榜，成為全世界最不安全的國家。後來，梵蒂岡回歸了寧靜，謀殺率也重新降回零。

小機率事件總是很少發生，由數據計算出的發生機率是否有意義，值得質疑。很多時候，小機率事件的機率只是新聞媒體的噱頭。從機率統計的角度來看，它只能告訴我們，這件事很少發生。

抽樣

前面我們提到，從總體中抽取一部分可以獲得樣本。在統計學中，這個抽取的過程叫做抽樣。

抽樣有自己的方法，最簡單、最常用的抽樣方法是簡單隨機抽樣，比如味多美可以隨機挑選幾個地方舉辦蛋糕試吃活動，並在活動過程中隨機招攬路人來試吃。在試吃活動中，味多美的服務人員可以給參加試吃的人

免費發放購物袋，這樣他們就可以辨認出哪些人已經參加過試吃活動，不再招攬他們參加試吃，這就是不重複隨機抽樣。如果味多美放任所有人試吃，不做任何篩選和限制，就是重複隨機抽樣。

除了簡單隨機抽樣，還有其他幾種抽樣方法。一個是分層抽樣，仍以味多美為例，服務人員可以分別邀請年輕女性、年輕男性和兒童參加試吃活動，也就是按照年齡和性別對人群分組，再進行抽樣，這就是分層抽樣，也可以理解為先分組再抽樣；另一個是整群抽樣，假定新款的蛋糕有草莓、櫻桃和芒果三種配搭的水果，服務人員可以將蛋糕分裝到不同的盒子中，每個盒子裡放置草莓、櫻桃和芒果蛋糕各一塊，讓消費者整盒試吃，這種抽樣方法便於對比，從對比結果可以看出哪種口味更受歡迎。還有一些抽樣方法，本書不再一一介紹，無論採用什麼方法，我們的終極目標都是採集到能夠代表總體的樣本。

讀到這裡，想必讀者會有這樣的疑問：現在都是大數據時代了，還需要抽樣嗎？誠然，在資訊產業裡，抽樣的概念的確過時了，正如《大數據時代》一書所說：「在大數據時代進行抽樣分析，就像在汽車時代騎馬一樣。」在資訊產業，樣本幾乎就是總體，Google、蘋果和Facebook這些公司甚至不需要刻意的蒐集數據，只需要利用網際網路記錄人們在手機和電腦上的每一次點擊，便完成了數據採集。但是，網際網路不能代表一切，很多數據並不能從網際網路上蒐集，比如前面例子中提到的試吃體驗數據。所以，在網際網路力所不及的領域，抽樣蒐集數據仍是必要的。

3.2　頻率、平均數與中位數：致敬「黑曼巴」

2011年2月，NIKE推出了一部廣告電影《黑曼巴 KOBE》，NBA球星Kobe Bryant從此得到了一個新綽號——黑曼巴。黑曼巴蛇屬於眼鏡蛇科，生長於非洲草原和林地，是全世界最致命的毒蛇。除了劇毒，黑曼巴還擁

3.2 頻率、平均數與中位數：致敬「黑曼巴」

有閃電般的速度，其短距離移動時速可達 16 到 20 公里，能在幾分鐘內殺死 13 個圍捕者；黑曼巴喜歡獨居，彷彿孤獨是它的天性；黑曼巴十分貪婪，它會一口把獵物吞下，即使是最難消化的食物也會在幾小時內消失。

正如片名所說，Kobe 就是黑曼巴，自從 18 歲加入 NBA 聯盟起，Kobe 就開始展現自己「黑曼巴」的天性，他突破速度極快，能夠單場獨得 81 分，但是球風偏獨，常常被人詬病。不論怎樣，當令人窒息的讀秒階段到來時，Kobe 永遠是執行絕殺球的不二人選，這時的 Kobe 就像劇毒的黑曼巴，隨時會在紅牌舉起前給予對手致命一擊。

「最接近神的球員」是 Kobe 的另一個綽號，「神」指的自然是「籃球之神」Michael Jordan。在 Kobe 職業生涯的巔峰期，媒體和球迷們常常拿 Kobe 和 Jordan 做對比，他們會列出兩人的各項技術統計，逐一對比，然後寫出一篇「Kobe 與 Jordan，到底誰更強？」的文章。2016 年 Kobe 正式退役後，全世界的籃球迷們都對他二十年的職業生涯表達敬意。接下來，我們抽取 Kobe 的部分統計數據，一起來學習三個常用的統計量——頻率、平均數和中位數。

頻率

表 3-1 是 Kobe 2008 到 2009 賽季常規賽的每場得分數據，下面我們一起來分析這組數據。

表 3-1　Kobe 2008 到 2009 賽季常規賽每場得分數據

23	32	22	26
16	26	38	37
33	28	30	23
27	28	25	28
23	41	61	11
27	36	36	21
20	26	26	28
29	27	19	19
21	31	34	30

24	40	37	14
29	26	10	17
24	39	30	25
12	21	39	30
35	36	28	20
23	19	36	18
28	33	22	22
32	29	29	33
23	28	49	32
20	20	31	16
28	18	23	16
18	11		

透過觀察，我們可以找出最大值為 61，最小值為 10。我們想知道，Kobe 的得分在最大值和最小值之間是如何分布的，這時我們需要製作一個頻率分布表，繪製一張直方圖。

我們將最小值到最大值之間劃分為 6 個小範圍，也稱為 6 個區間，分別是 10～20、21～30、31～40、41～50、51～60、61～70，統計有多少個數據落在這六個區間內，並記錄下來，便得到了如表 3-2 所示的頻率分布表。

表 3-2　Kobe 得分的頻率分布表

分組	頻率	相對頻率	累積頻率
10～20	19	0.232	19
21～30	40	0.488	59
31～40	20	0.244	79
41～50	2	0.024	81
51～60	0	0.000	81
61～70	1	0.012	82

表中的第一列是分組方式；第二列是頻率，即每個區間裡有多少個數據；第三列是相對頻率，即頻率除以數據總量；第四列是累積頻率，即對頻率進行累積計數。這張表格包含了數據分析的三個重要的思路：

3.2　頻率、平均數與中位數：致敬「黑曼巴」

一是分類統計，體現在頻率中，即把數據按照某種屬性進行分類計數；二是相對數量，體現在相對頻率中，相對頻率的本質是將頻率進行「歸一化」，這樣便於與其他數據進行對比；三是累積數量統計，體現在累積頻率中，對數量進行累積統計便於我們觀察出數量的變化規律，也便於我們快速找出低於或高於某些臨界值的數據有多少，比如，從累積頻率一列中，我們可以知道，低於 30 分的有 59 場，低於 40 的有 79 場。

圖 3-1 是 Kobe 得分數據的直方圖，直方圖與頻率分布表相對應，是透過繪圖的方式更直觀地展現頻率分布情況，直方圖中每一個條形都代表一個分組，條形的高度代表頻率。頻率分布表和直方圖是統計學中的常用圖表，也是數據分析的第一步。

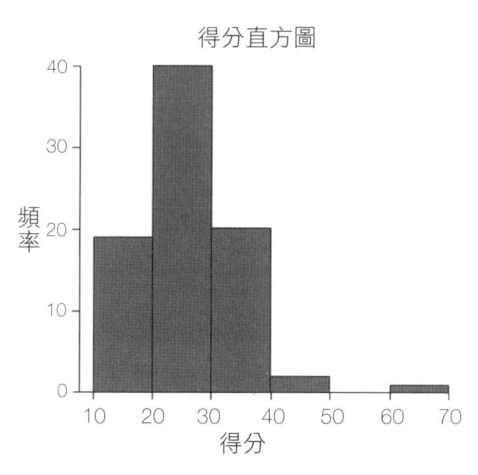

圖 3-1　Kobe 得分的直方圖

平均數

算術平均數，簡稱平均數，是最常用的統計量，計算方法是用總量除以數量。例如，2020 年某國的生產總值 GDP 為 5 千萬美元，同期的人口總數約為 3 千萬人，因此，人均 GDP 為 1.63 萬美元。表 3-3 是 Kobe 2008 到 2009 賽季 82 場常規賽的各項技術統計，取出其中的一列數據，全部相加後除以 82，便可以計算出 Kobe 的場均技術統計。

表 3-3 Kobe 2008 到 2009 賽季常規賽技術統計

場次	得分	籃板	助攻	搶斷	封蓋	失誤
1	23	11	5	1	0	5
2	16	8	3	2	0	5
3	33	4	3	2	0	1
4	27	2	3	2	2	2
5	23	3	3	2	2	4
6	27	4	1	1	0	1
7	20	4	6	0	0	2
8	29	5	6	4	1	3
9	21	5	6	3	2	1
10	24	5	3	0	1	2
11	29	4	2	2	0	1
12	24	4	6	3	1	3
13	12	6	4	1	0	0
14	35	6	5	1	1	3
16	28	7	2	1	0	1
17	32	6	4	2	0	4
18	23	7	7	0	0	2
19	20	5	8	2	0	4
20	28	4	3	0	0	2
21	18	7	3	1	0	5
22	32	7	3	0	1	4
23	26	3	5	2	0	2
24	28	7	6	4	0	1
25	28	3	3	0	0	5
26	41	8	3	0	0	1
27	36	4	3	2	0	5
28	26	6	4	0	0	0
29	27	9	5	1	0	4
30	31	3	4	4	0	2
31	40	7	4	2	1	2
32	26	2	3	1	0	4
33	39	4	7	0	1	4
34	21	5	5	2	0	3
35	36	7	13	1	0	5
36	19	2	7	0	0	4
37	33	7	4	0	0	2

3.2　頻率、平均數與中位數：致敬「黑曼巴」

38	29	7	10	0	1	4
39	28	13	11	2	0	6
40	20	6	12	1	1	5
41	18	10	12	1	0	4
42	11	4	5	0	0	0
43	22	4	3	1	1	1
44	38	8	5	1	0	2
45	30	8	5	0	0	2
46	25	1	7	3	0	1
47	61	0	3	0	1	2
48	36	9	5	2	0	0
49	26	10	5	1	2	3
50	19	3	2	1	0	2
51	34	7	1	0	0	3
52	37	4	4	4	0	4
53	10	4	2	0	2	4
54	30	3	9	3	2	2
55	39	5	5	1	1	2
56	28	6	7	1	0	6
57	36	4	5	1	0	4
58	22	4	8	3	0	1
59	29	8	2	0	1	2
60	49	11	2	1	1	1
61	31	2	2	1	0	0
62	23	2	4	1	0	1
63	26	3	3	1	1	1
64	37	5	6	4	2	4
65	23	4	6	0	1	2
66	28	8	5	1	1	1
67	11	5	5	2	0	5
68	21	6	2	2	0	5
69	28	3	7	5	1	3
70	19	3	5	4	2	0
71	30	8	7	2	0	1
72	14	1	9	3	1	3
73	17	8	4	1	0	4
74	25	2	2	3	0	1
75	30	8	4	3	0	4

76	20	1	7	2	0	3
77	18	4	5	1	1	2
78	22	5	4	2	0	0
79	33	3	2	1	0	2
80	32	5	2	0	0	3
81	16	7	4	2	1	1
82	16	1	5	2	0	1
場次	26.84	5.23	4.87	1.46	0.45	2.56

例如，我們用 X_1、X_2、$\cdots$、X_{82} 分別表示 Kobe 82 場比賽的籃板數，那麼，場均籃板數 $\overline{X}$（讀作 X 拔）為：

$$\overline{X} = (X_1 + X_2 + \cdots + X_{82})/82 = (11 + 8 + \cdots + 1)/82 = 5.23$$

在人均 GDP 和場均籃板數的例子中，我們計算的平均數都是「算術平均數」，以兩個數 A 和 B 為例，算術平均數就是 (A + B)/2。統計學中還有其他幾種平均數，分別是幾何平均數、調和平均數和均方根值。

例如，股神巴菲特去年的資產增長了 50%，今年減少了 4%，那麼，這兩年的平均成長率就是 $\sqrt{1.5 \times 0.96} = 1.2$，平均成長率是 20%，這就是幾何平均數；又如，火車從北京到上海的平均時速是 200 公里/小時，從上海到北京的時速是 300 公里/小時，那麼，來回的平均時速是 2/(1/200 + 1/300)＝240 公里/小時，這是調和平均數。均方根值的計算方法是 $\sqrt{(A^2 + B^2)/2}$，在標準差的計算中會用到均方根值。在後文中，如無特殊說明，平均數都是指算術平均數。

在統計學中，計算平均數往往只是第一步，很多時候，我們會將不同的平均數進行比較，這時，我們一定要小心「辛普森悖論」的陷阱。「辛普森悖論」是由英國統計學家辛普森發現的，這個悖論讓我們更深刻的認識和修正了平均數比較的方法。下面，我們以 Kobe 和 Jordan 的得分為例，來說明「辛普森悖論」。

表 3-4 是兩組假想的得分數據，在 1996 到 1997 的賽季中，Kobe 由於肩傷只打了 17 場比賽，Jordan 則打了 80 場；到了 1997 到 1998 的賽季，

兩人都保持健康，Kobe 更是 82 場常規賽全勤。觀察兩人的場均得分可以發現：這兩個賽季 Jordan 的場均得分都高於 Kobe，畢竟那時的 Kobe 還是個毛頭小子，Jordan 則處在職業生涯最後的輝煌時期。我們的問題是，兩個賽季平均下來，誰的場均得分更多？

表 3-4　Jordan 和 Kobe 兩個賽季的得分假設值

	球員	總得分	場次	場均得分
1996－1997 賽季	Jordan	2,182	80	27.3
	Kobe	440	17	25.9
1997－1998 賽季	Jordan	2,832	80	35.4
	Kobe	2,870	82	35.0

每個賽季都是 Jordan 得分更高，難道兩個賽季加在一起，Jordan 還會比 Kobe 低嗎？事實告訴我們，Jordan 還真比 Kobe 低。如表 3-5 所示，Jordan 兩個賽季的場均得分為 31.3，而 Kobe 達到了 33.4，明顯高於 Jordan，這就是反直覺的「辛普森悖論」。

表 3-5　Jordan 和 Kobe 兩個賽季得分合計

	球員	總得分	場次	場均得分
兩個賽季合計	Jordan	5,014	160	31.3
	Kobe	3,310	99	33.4

「辛普森悖論」出現的關鍵因素，是 Kobe 在前一個賽季僅出戰 17 場，相比於 80 和 82，17 是個微不足道的小數字，因此，當兩個賽季的得分相加後取平均數時，Kobe 前一個賽季的得分數據貢獻很小，這就會導致悖論出現。「辛普森悖論」提醒我們，數據量相同或相近時才適合進行平均數比較，否則會有失公允。

中位數與箱形圖

中位數與箱形圖是我們理解數據的另一種視角，接下來，我們用中位

數和箱形圖來分析 Kobe2008 到 2009 賽季常規賽的得分數據,看看它們與平均數、直方圖有什麼不同。

中位數,顧名思義,就是處在中間位置上的數字。要找到中間位置,首先要對數據進行排序。表 3-6 是經過排序後的 Kobe 得分數據,從中找到排在中央的數據,便是中位數。如果有八十一個數據,第四十一個就是中位數,可是表 3-6 中有八十二個數字,我們需要取第四十一和第四十二個數的平均數作為中位數 M:

$$M = (27 + 27)/2 = 27$$

然後,我們需要找到另外兩個數字——第一四分位數 Q_1 和第三四分位數 Q_3。我們將中位數從數據中剔除,剩下的前一半數據的中位數就是第一四分位數 Q_1,後一半數據的中位數就是第三四分位數 Q_3。表 3-6 中,Q_1=21,Q_3=32。再算上最大值 Max=61,最小值 Min=10,我們便得到了這組數據的箱形圖,如圖 3-2 所示。

表 3-6　排序後的 Kobe 得分數據

10	21	27	32
11	22	28	32
11	22	28	33
12	22	28	33
14	23	28	33
16	23	28	34
16	23	28	35
16	23	28	36
17	23	28	36
18	23	29	36
18	24	29	36
18	24	29	37
19	25	29	37
19	25	30	38
19	26	30	39
20	26	30	39
20	26	30	40
20	26	31	41

3.2 頻率、平均數與中位數：致敬「黑曼巴」

20	26	31	49
21	27	32	61
21	27		

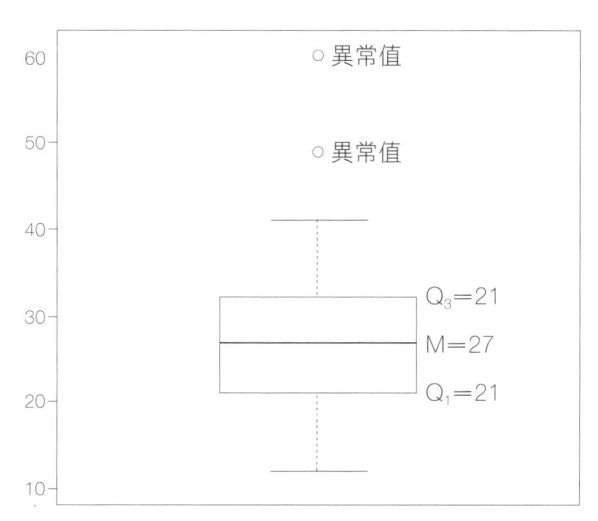

圖 3-2　Kobe 得分數據的箱形圖

　　在箱形圖中，區間的長度與數據的分散程度相關，比如，Min 到 Q_1 的長度是 11，Q_1 到 M 的長度是 6，M 到 Q_3 的長度是 5，Q_3 到 Max 的長度是 29，因此，M 到 Q_3 區間內，數據分布最集中，其次是 Q_1 到 M 的區間，數據分布最分散的區間是 Q_3 到 Max。

　　除了表徵數據的分散程度，箱形圖還可以幫助我們尋找疑似異常值。所謂疑似異常值是指過大或過小的數據，尋找的方法是：首先計算四分位數差 IQR：

$$IQR = Q_3 - Q_1 = 32 - 21 = 11$$

然後找出小於 $Q_1 - 1.5IQR$ 和大於 $Q_3 + 1.5IQR$ 的數字，這些數字就是疑似異常值。

$$Q_1 - 1.5IQR = 21 - 1.5 \times 11 = 4.5$$
$$Q_3 + 1.5IQR = 32 + 1.5 \times 11 = 48.5$$

49 和 61 大於 48.5，所以是疑似異常值。在某些統計分析問題中，疑似

異常值可能是誤差數據甚至錯誤數據，可以透過上述方法找出並剔除這些數據，然後再繪製修正後的箱形圖。對 Kobe 的得分數據來說，49 分和 61 分顯然不是由誤差或錯誤造成的，恰恰相反，這些「異常值」是「黑曼巴」貪婪本性的最佳詮釋。

3.3 變異數與標準差：致敬馬刺

我是一個 NBA 的老球迷，回首將近 20 年的看球生涯，有一支球隊讓我不得不嘆服，今天的他們彷彿從 20 年前穿越而來，「波波」還是那個「波波」，「石佛」還是那尊「石佛」，在其他球隊經歷大起大落的 20 年裡，他們穩如泰山，從不動搖，你可以不喜歡他們的球風，但你必須尊重他們的堅守，他們是聖安東尼奧馬刺隊。

聖安東尼奧位於美國南部德克薩斯州，與達拉斯和休士頓並稱德州三大城市。1970 年，「德克薩斯橡木隊」將主場移師聖安東尼奧，並更名為「馬刺隊」。馬刺，是指騎馬者釘在鞋跟上的一種鐵製的刺馬針，是美國西部大開發的時代象徵。初入 NBA 的 20 多年裡，馬刺隊只能算是個不慍不火的小角色，直到 1996 到 1997 的賽季，馬刺隊糟糕的戰績，卻意外的成就了他們未來 20 年的輝煌。由於 3 勝 15 負的糟糕開局，球隊總經理格雷格·波波維奇臨危受命，擔任球隊主帥；隨後，「憑藉」糟糕的常規賽戰績，馬刺隊拿到了頭號選秀權，提姆·鄧肯空降聖城。

自此以後，波波維奇與鄧肯走上了 20 年的堅守之路。1998 到 1999 賽季，憑藉鄧肯與大衛·羅賓森的內線「雙塔」組合，馬刺隊奪得隊史第一座冠軍獎盃。2001 年和 2002 年，「法國跑車」東尼·帕克和「阿根廷妖刀」吉諾比利相繼加盟球隊，組成了日後馬刺隊的鐵三角「GDP 組合」。馬刺隊在此後的近 20 年裡再奪四次總冠軍，他們永遠是其他球隊最不想遭遇的對手。

3.3 變異數與標準差：致敬馬刺

波波維奇教練是馬刺隊場下的靈魂，他秉承歐洲籃球的執教理念，進攻時強調快速轉移球、球動人動，防守時強調持續壓迫防守和快速補位，再加上波波維奇是空軍學院出身，馬刺隊儼然是一支訓練有素的鐵軍，這支鐵軍的掛帥之人非鄧肯莫屬！鄧肯因球風沉穩、不苟言笑，江湖人稱「石佛」，那幾近失傳的「45度擦板投籃」最能體現鄧肯樸實無華的球風，扎實的腳步移動、穩定的中距離投籃和遮天蔽日的阻攻，都是鄧肯的標籤。本賽季，綽號「聖安東尼奧養老院」的馬刺隊居然創造了隊史常規賽勝場紀錄，即將年滿 40 歲的鄧肯，能否在職業生涯謝幕前再奪總冠軍？我們拭目以待！

變異數與標準差

馬刺隊的穩定令人驚嘆，戰績可以說明一切，與同樣在近 20 年奪得 5 次總冠軍的湖人隊相比，最能說明馬刺隊的穩定是多麼可怕。表 3-7 是馬刺隊和湖人隊自 1998 年以來的歷年戰績，接下來，我們就用統計學的方法來說明，馬刺隊比湖人隊更穩定。

表 3-7　馬刺隊和湖人隊的歷年常規賽戰績（1998 到 2015 年）

賽季	馬刺隊 勝場	負場	勝率(%)	季後賽成績	湖人隊 勝場	負場	勝率(%)	季後賽成績
2014－2015	55	27	67.1	西部首輪	21	61	25.6	未進季後賽
2013－2014	62	20	75.6	總冠軍	27	55	32.9	未進季後賽
2012－2013	58	24	70.7	總決賽	45	37	54.9	西部首輪
2011－2012	50	16	75.8	西區決賽	41	25	62.1	西部半決賽
2010－2011	61	21	74.4	西部首輪	57	25	69.5	西部半決賽
2009－2010	50	32	61.0	西區半決賽	57	25	69.5	總冠軍
2008－2009	54	28	65.9	西部首輪	65	17	79.3	總冠軍
2007－2008	56	26	68.3	西區決賽	57	25	69.5	總決賽
2006－2007	58	24	70.7	總冠軍	42	40	51.2	西部首輪
2005－2006	63	19	76.8	西區半決賽	45	37	54.9	西部首輪
2004－2005	59	23	72.0	總冠軍	34	48	41.5	未進季後賽
2003－2004	57	25	69.5	西區半決賽	56	26	68.3	總決賽

073

2002－2003	60	22	73.2	總冠軍	50	32	61.0	西部半決賽
2001－2002	58	24	70.7	西區半決賽	58	24	70.7	總冠軍
2000－2001	58	24	70.7	西區決賽	56	26	68.3	總冠軍
1999－2000	53	29	64.6	西部首輪	67	15	81.7	總冠軍
1998－1999	37	13	74.0	總冠軍	31	19	62.0	西部半決賽
平均值	57.5	24.5	70.1		49.1	32.9	59.9	
標準差	3.48	3.48	4.24		13.43	13.43	16.38	

在表 3-7 的數據中，1998 到 1999 賽季和 2011 到 2012 賽季，是兩個縮水的賽季，比賽場次較少，為了避免掉入「辛普森悖論」的陷阱，我們將這兩行數據排除在外（以深色標記），其餘賽季的總場次都是八十二場，因此，勝率可以進行對比和加減運算。

我們首先計算兩支球隊的平均勝率，X 和 Y 分別代表馬刺隊和湖人隊。

馬刺隊平均勝率 $\overline{X}$ ＝ (67.1％ ＋ 75.6％ ＋ …… ＋ 64.6％)/15 ＝ 70.1％

湖人隊平均勝率 $\overline{Y}$ ＝ (25.6％ ＋ 32.9％ ＋ …… ＋ 81.7％)/15 ＝ 59.9％

讀者還可以試著畫一畫兩隊勝率的直方圖和箱形圖，不論怎樣，我們都必須承認，馬刺隊的成績總體上優於湖人隊。接下來，我們算一算馬刺隊到底有多穩定。

變異數和標準差是統計學中用於描述數據發散程度的統計量，假設有數據 X_1＝1 和 X_2＝3，平均數為 $\overline{X}$＝2，那麼，變異數為：

$$\mathrm{Var}(X) = [(X_1-\overline{X})^2 + (X_2-\overline{X})^2]/2 = [(1-2)^2 + (3-2)^2]/2 = 1$$

標準差為：

$$\sigma(X) = \sqrt{\mathrm{Var}(X)} = 1$$

如果是 n 個數據 $X_1 \sim X_n$，平均數為，則變異數為：

$$\mathrm{Var}(X) = [(X_1-\overline{X})^2 + (X_2-\overline{X})^2 + \cdots + (X_n-\overline{X})^2]/n$$

標準差為：

$$\sigma(X) = \sqrt{[(X_1-\overline{X})^2 + (X_2-\overline{X})^2 + \cdots + (X_n-\overline{X})^2]/n}$$

這正是均方根值的用處。

利用上面的公式,可以計算出馬刺隊和湖人隊的勝率變異數和標準差:

馬刺隊勝率變異數

$$\text{Var}(X) = [(67.1\% - 70.1\%)^2 + \cdots + (64.6\% - 70.1\%)^2]/15 = 0.18\%;$$

馬刺隊勝率標準差

$$\sigma(X) = 4.24\%;$$

湖人隊勝率變異數

$$\text{Var}(Y) = [(25.6\% - 59.9\%)^2 + \cdots + (81.7\% - 59.9\%)^2]/15 = 2.68\%;$$

湖人隊勝率標準差

$$\sigma(Y) = 16.38\%。$$

標準差與平均數有相同的單位,是可以比較的,因此,綜合來看:

馬刺隊的平均勝率是 70.1%,標準差是 4.24%;

湖人隊的平均勝率是 59.9%,標準差是 16.38%。

在統計學中,標準差越小,代表數據的分布越集中於平均數附近。馬刺隊的勝率標準差遠小於湖人隊,意味著他們的勝率更集中的分布在平均數周圍,這便是馬刺隊令全聯盟生畏的穩定性。

3.4　平均數與變異數估計:近射與狙擊

玩具槍是很多兒童的最愛,手握玩具槍,扮演警察叔叔,一槍擊斃壞蛋,是兒童永遠玩不膩的遊戲。世界上大部分國家禁止槍支買賣,因此大多數人都沒有機會摸槍,我們最多是在軍訓課上匆匆扣幾次扳機了事。我曾在當兵時學過射擊,練習過手槍和步槍射擊,因此對射擊有了更多的體驗。

射擊從目標距離上大致分為兩類:一類是近距離射擊,一般使用手槍;

另一類是遠距離狙擊，一般使用步槍或狙擊槍。不管是哪一類射擊，最要緊的就是一個字——準。要射得準，先要瞄得準。瞄準有方法和經驗可循，近距離的手槍射擊，只要保持手型端正，按照「三點一線」的要求，把缺口、瞄具和目標點連成一條線便可以；一百公尺的步槍射擊或狙擊槍射擊，僅靠「三點一線」是不夠的，瞄準時，我們不能把靶心十環設為目標點，而是要把下八環甚至下七環設為目標點，這樣才能射中靶心，這是對教科書的合理校正。

在統計學中，常要透過樣本來估計總體的平均數和變異數，這兩種估計也都講究一個「準」字，統計學中稱之為「無偏」，二者的估計方法並不相同，與近距離射擊和遠距離狙擊有異曲同工之妙。

表 3-8 所示是 Kobe 82 場常規賽得分數據的樣本和總體，我們以表中數據為例，說明樣本對總體的平均數和變異數估計。

表 3-8　Kobe 得分數據的總體和樣本

樣本數據	總體數據			
11	10	21	27	32
16	11	22	28	32
18	11	22	28	33
19	12	22	28	33
20	14	23	28	33
22	16	23	28	34
23	16	23	28	35
23	16	23	28	36
25	17	23	28	36
26	18	23	29	36
28	18	24	29	36
28	18	24	29	37
29	19	25	29	37
30	19	25	30	38
31	19	26	30	39
33	20	26	30	39
35	20	26	30	40
36	20	26	31	41

3.4 平均數與變異數估計：近射與狙擊

39	20	26	31	49
41	21	27	32	61
	21	27		

樣本共有 20 個數據，記為 $X_1, X_2, ..., X_{20}$，總體共有 82 個數據，記為 $Y_1, Y_2, ..., Y_{82}$。

首先來看總體平均數估計。

樣本是一個「迷你版」的總體，只要採樣足夠隨機，樣本應與總體有相似的分布特徵，因此，我們可以用樣本的平均數來估計總體的平均數。

在本例中，樣本平均數為：

$$\overline{X} = (X_1 + X_2 + \cdots + X_{20})/20 = 26.65$$

總體平均數記為 μ，其估計值記為 $\hat{\mu}$，因此有：

$$\hat{\mu} = \overline{X} = 26.65$$

實際上，總體平均數為：

$$\mu = (Y_1 + Y_2 + \cdots + Y_{82})/82 = 26.84$$

可見 $\hat{\mu}$ 和 μ 很接近。用樣本平均數估計總體平均數與手槍近射類似，瞄哪裡就打哪裡。

再來看總體變異數估計。

前面我們提到，樣本應與總體有相似的分布特徵，因此我們自然認為，樣本的變異數也應該代表總體的變異數。

在本例中，樣本變異數為：

$$\text{Var}(X) = [(X_1-\overline{X})^2 + (X_2-\overline{X})^2 + \cdots + (X_{20}-\overline{X})^2]/20 = 59.12$$

總體變異數記為 σ^2，其估計值記為，按照我們此前的推理：

$$\hat{\sigma}^2 = \text{Var}(X) = 59.12$$

實際上，總體變異數為：

$$\sigma^2 = [(Y_1-\overline{Y})^2 + (Y_2-\overline{Y})^2 + \cdots + (Y_{82}-\overline{Y})^2]/82 = 72.23$$

可見，$\hat{\sigma}^2$ 比 σ^2 要小一點。這並不是特例，而是普遍現象，樣本的變異數往往比總體變異數要小一點。可是，「一點」是多少呢？這很難說得清楚，但統計學家還是找到了彌補這「一點」的方法：把樣本變異數計算公式中的分母變由 n 變為 $n-1$，使樣本變異數變大「一點」。

經過修正後的變異數，稱為無偏變異數，記為 S^2，例子中樣本的無偏變異數為：

$$S^2 = [(X_1-\overline{X})^2 + (X_2-\overline{X})^2 + \cdots + (X_{20}-\overline{X})^2]/(20-1) = 62.24$$

相比於修正之前，無偏變異數更接近總體變異數。用 S^2 來估計總體變異數與遠距離狙擊類似，都要做出適量的校正。

看到這裡，讀者很可能會有這樣的疑問：為什麼不是 $n-2$，$n-3$？

單從這個例子來看，取 $n-2$ 或 $n-3$ 都比 $n-1$ 的估計效果更好，但這只是一個特例。採用 S^2 來估計總體變異數並非經驗式修正，是有數學理論依據的，感興趣的讀者可以參考機率統計的專業書籍。

這裡需要說明的是，上一節中，我們並沒有把勝率數據看作樣本，因此沒有使用修正後的變異數公式。對一組獨立數據來說，變異數就是 Var，不是 S^2。如果你把數據看作總體的樣本，變異數就是 S^2，這兩者的區別讀者一定要留心。

最後，總結一下平均數和變異數估計。

設 $X_1, X_2, \ldots, X_n$ 是來自總體的樣本，那麼，總體的平均數和變異數的無偏估計分別是：

$$\hat{\mu} = (X_1 + X_2 + \cdots + X_n)/n$$
$$\hat{\sigma}^2 = [(X_1-\overline{X})^2 + (X_2-\overline{X})^2 + \cdots + (X_n-\overline{X})^2]/(n-1)$$

第四章
分布

導語:「九九乘法表」是乘法運算的本源,千變萬化的乘法運算都是從「九九乘法表」演化而來的。機率分布就像機率統計的「九九乘法表」,它可以幫助我們解決很多常見的機率統計問題,既簡潔又高效。

4.1　分布:統計學的「九九乘法表」

不管喜不喜歡數學課,你一定記得「九九乘法表」,你一定知道「一一得一,一二得二」和「九九八十一」。「九九乘法表」是學習乘法的第一課,也是最重要的乘法口訣。常言道:「萬變不離其宗」,「九九乘法表」便是乘法之「宗」,千變萬化的乘法運算都是從「九九乘法表」演化而來。

統計學也有自己的「九九乘法表」,它不是一個口訣,而是從很多典型機率問題中總結出的經驗,我們稱為機率分布,簡稱分布。

分布是隨機變量的取值與其對應機率的關係。例如,拋硬幣試驗中,設反面為 0,正面為 1,隨機變量 X 為拋出硬幣的數值,X 的分布如表 4-1 所示。又如,擲骰子試驗中,隨機變量 Y 為擲出的點數,Y 的分布如表 4-2 所示。表 4-1 和表 4-2 就是隨機變量的分布,利用分布,可以計算出隨機變量的期望和變異數。

4.1 分布：統計學的「九九乘法表」

表 4-1　拋硬幣試驗中隨機變量 X 的分布

X 取值	機率
0	1/2
1	1/2

表 4-2　擲骰子試驗中隨機變量 Y 的分布

Y 取值	機率
1	1/6
2	1/6
3	1/6
4	1/6
5	1/6
6	1/6

　　統計學家可不想一個個地列出隨機變量的分布，他們要對隨機變量歸類，計算出同一類隨機變量的分布、期望和變異數。對上面的兩個例子來說，拋硬幣和擲骰子都屬於等機率分布，即隨機變量每個取值的機率都相等。如果我們知道了等機率分布的計算公式，就不需要列表格了，直接做個「伸手牌」，套用公式就可以了，這就是統計學家研究分布的原因，也是我們學習分布的原因。

　　在開始學習分布之前，再次提醒讀者：隨機變量分離散和連續兩類，分別對應離散分布和連續分布。雖然本書前面的內容都是有關離散隨機變量，但是連續隨機變量和連續分布在機率統計中也占有重要地位。因此，常用的離散分布和連續分布都是需要我們學習的。

　　下面，我們就一起來學習常用的幾種機率分布。

4.2 等機率分布：硬幣的兩面

拋硬幣是機率論中最常見的隨機試驗，不僅因為硬幣很常見，也因為拋硬幣試驗中，隨機變量的分布是最簡單的等機率分布。

等機率分布，顧名思義，就是隨機變量每一個取值的出現機率都相等。在機率論的發展初期，等機率分布是主要研究對象，後人也把與拋硬幣、擲骰子相似的隨機試驗稱為「古典機率」。下面，我們使用「從特殊到一般」的歸納思想來學習等機率分布。

以拋硬幣為例，反面記為 0，正面記為 1，隨機變量 X 為拋硬幣一次的得分，那麼，X 的分布可以寫為

$$P(X=k)=\begin{cases}1/2, k=0\\ 1/2, k=0\end{cases}$$

X 的期望是：

$$E(X)=0\times P(X=0)+1\times P(X=1)=1/2$$

X 的變異數是：

$$Var(X)=P(X=0)\times[0-E(X)]^2+P(X=1)\times[1-E(X)]^2$$
$$=\{[0-E(X)]^2+[1-E(X)]^2\}/2$$

再以擲骰子為例，隨機變量 Y 為擲一個骰子的點數，那麼，Y 的分布可以寫為：

$$P(Y=k)=\begin{cases}1/6, k=1\\ 1/6, k=2\\ 1/6, k=3\\ 1/6, k=4\\ 1/6, k=5\\ 1/6, k=6\end{cases}$$

4.2 等機率分布：硬幣的兩面

Y 的期望是：

$$E(Y) = 1 \times P(Y=1) + 2 \times P(Y=2) + \cdots + 6 \times P(Y=6)$$
$$= (1 + 2 + \cdots + 6)/6$$
$$= 3.5$$

Y 的變異數是：

$$Var(Y) = P(Y=1) \times [1-E(Y)]^2 + P(Y=2) \times [2-E(Y)]^2 + \cdots + P(Y=6) \times [6-E(Y)]^2$$
$$= \{[1-E(Y)]^2 + [2-E(Y)]^2 + \cdots + [6-E(Y)]^2\}/6$$

我們仔細觀察上面的分布和期望、變異數計算公式，可以從這些個例中歸納出等機率分布的通用表達。

隨機變量 X 有 n 個取值 $a_1, a_2, \cdots, a_n$，每個取值出現的機率相等，那麼，隨機變量 X 的分布可以記為：

$$P(X=a_k) = 1/n，k=1,2,\cdots,n$$
$$E(X) = (a_1 + a_2 + \cdots + a_n)/n = \Sigma a_k/n$$
$$Var(X) = \{[a_1-E(X)]^2 + [a_2-E(X)]^2 + \cdots + [a_n-E(X)]^2\}/n$$
$$= \Sigma[a_k-E(X)]^2/n$$

(註：Σ 是求和符號，表示對 k 的不同取值求和。)

上面的三個公式便是等機率分布的分布、期望和變異數的計算公式，再次遇到等機率分布的問題時，我們可以直接使用這些公式來計算分布、期望和變異數。

等機率的陷阱

等機率分布是最簡單的機率分布，看似簡單的表象下，卻隱藏著思維陷阱。

此前拋硬幣的例子只提到了拋擲硬幣一次，如果拋擲多次會怎樣呢？下面，請用最快的速度回答下面的問題：

拋擲硬幣十次,「正正正正正正正正正正」與「正正反正反反正反正反」哪一個更可能出現?

你的直覺很可能是:後者更可能出現。而正確答案是:兩種情況出現的可能性是一樣的,都是 $(1/2)^{10}$。其實,大多數人都會有這樣的錯覺:十次全是正面,這太特殊了,不太可能出現。這種錯覺很可能導致你的錯判——認為後一種情況更可能出現,因為它看起來更「正常」。這裡必須提醒讀者,假如我們要嚴謹地思考一個與機率有關的問題,千萬不要相信感覺,最可靠的方法是動筆計算。

估計上面的陷阱並沒有把你騙進去,下面我們來看一個邏輯悖論——錢包悖論。

假設你的面前有兩個錢包,其中一個錢包裡的錢是另一個的兩倍。你隨機選擇一個錢包,打開它,發現裡邊裝著一百元,請問,你是決定留下這個錢包還是丟下它選擇另一個錢包呢?

如果僅憑直覺,大多數人會為了得到兩百元選擇另一個錢包。巧合的是,這一次機率論和我們的直覺不謀而合。我們不知道另一個錢包裡是兩百元還是五十元,所以,這兩種情況出現的可能性各為 1/2,所以,換錢包的收益期望是:

$$(-50) \times 1/2 + 100 \times 1/2 = 25（元）$$

的確是正數!趕緊換錢包吧!

等等,先別著急數錢,回想一下這個遊戲,一個非常有趣的局面出現了。上述邏輯可以簡化為:不論第一個錢包裡裝了多少錢,你都會選擇另一個錢包。言外之意,你根本不需要打開第一個錢包,只要隨機選一個,然後換第二個就可以了,可是,這跟直接選第二個難道不一樣嗎?更讓人抓狂的是,一旦你打開了第二個錢包,這個錢包就變成了你隨機選的第一個錢包了,於是,你決定換回第一個錢包。

莫非是打開的方式不對?

4.3　幾何分布：一次就好

第一次的選擇到底有沒有意義？

如果我永遠不打開錢包，豈不是要永遠換下去，而且越換賺的錢越多！？

別再糾結這些問題了，其實我們剛開始便犯了一個致命的錯誤——認為未知的情況都是等機率出現的。題目裡說，一個錢包裡的錢是另一個的兩倍；可是，這並非意味著兩百元和五十元出現的機率相同，我們「不知道」它們出現的機率是多少，並不代表它們出現的機率相同，事實上，這裡根本就不存在機率，不能用機率來解釋！

最後，我們換一種方式描述這個悖論：你的面前有兩個錢包，一個錢包裡有 A 元，另一個有 2A 元，你隨機選擇一個，打開，然後選擇另一個錢包。這時，你得到 A 元和失去 A 元的機率是相等的。這才是兩個錢包正確的打開方式！

4.3　幾何分布：一次就好

「一次就好我帶你去看天荒地老
在陽光燦爛的日子裡開懷大笑
在自由自在的空氣裡吵吵鬧鬧
你可知道我唯一的想要」

楊宗緯《一次就好》

開心麻花電影公司出品了處女作電影《夏洛特煩惱》，《一次就好》是夏洛特追求校花時唱的情歌。「一次就好」讓人既溫暖又唏噓，可是追求心愛的人從來都不會一帆風順，只有不斷嘗試，越挫越勇，才能收穫愛情。

有一個很特別的分布，叫做幾何分布，這個分布告訴人們，什麼時候才能實現第一次。

085

仍以拋硬幣為例,已知出現正反兩面的機率各為 1/2,在反覆拋擲的過程中,我們設定隨機變量 X 表示第一次出現反面時拋擲硬幣的次數,我們列出 X 的機率分布,如表 4-3 所示。

表 4-3　第一次出現反面時拋擲硬幣的次數 X 的分布

X	P(X)
1	1/2
2	(1/2)×(1/2)=1/4
3	(1/2)×(1/2)×(1/2)=1/8
4	(1/2)×(1/2)×(1/2)×(1/2)=1/16
…	…

用數學公式來表達為:

$$P(X=k) = (1/2)^{k-1} \times (1/2), k = 1, 2, 3, \cdots$$

$(1/2)^{k-1}$ 表示前 $k-1$ 次都是正面,乘號後邊的 1/2 表示第 k 次是反面。

這個例子有些特殊,因為正面和反面出現的機率相同,如果不相同會怎樣呢?我們以骰子遊戲為例。

已知骰子有六種點數,每個點數出現的機率都是 1/6,反覆拋擲骰子,設定隨機變量 Y 表示第一次出現六點時拋擲骰子的次數,我們列出 Y 的機率分布,如表 4-4 所示。

表 4-4　第一次出現六點時拋擲骰子的次數 Y 的分布

Y	P(X)
1	1/6
2	(5/6)×(1/6)=5/36
3	(5/6)×(5/6)×(1/6)=25/216
4	(5/6)×(5/6)×(5/6)×(1/6)=125/1,296
…	…

用數學公式來表達為:

$$P(Y=k) = (5/6)^{k-1} \times (1/6), k=1, 2, 3, \cdots$$

4.3 幾何分布：一次就好

$(5/6)^{k-1}$ 表示前 $k-1$ 次都不是六點，$1/6$ 表示第 k 次是六點。

透過兩個例子，我們可以歸納出幾何分布的通用表達。

設隨機試驗有且只有兩種結果 A 和 B，A 出現的機率是 p，B 出現的機率是 $1-p$，反覆進行該隨機試驗，隨機試驗之間彼此獨立，隨機變量 X 表示 A 第一次出現時隨機試驗進行的次數，此時我們稱隨機變量 X 服從幾何分布：

$$P(X=k) = (1-p)^{k-1} \cdot p, \ k = 1,2,3,\cdots$$

圖 4-1 是幾何分布的機率分布圖，從圖中可以明顯地看出，雖然 X 的取值有無窮多個，但是 X=1 的機率是最大的，也就是說，一次成功的可能性最大。

幾何分布是一個無限可列的機率分布，要計算它的期望和變異數需要使用一些數列求和的計算技巧，我們不細究這些計算技巧，直接給出幾何分布的期望和變異數。

$$E(X) = 1/p$$
$$Var(X) = (1-p)/p^2$$

幾何分布的期望與我們的直覺不謀而合。比如，硬幣出現反面的機率是 $1/2$，那麼平均意義上需要拋兩次才會出現反面；骰子的六點出現的機率是 $1/6$，那麼平均意義上需要擲六次才能出現六點；中一次大樂透的機率是百萬分之一，那麼平均意義上需要買一百萬次才能中一次大獎。

圖 4-1　幾何分布

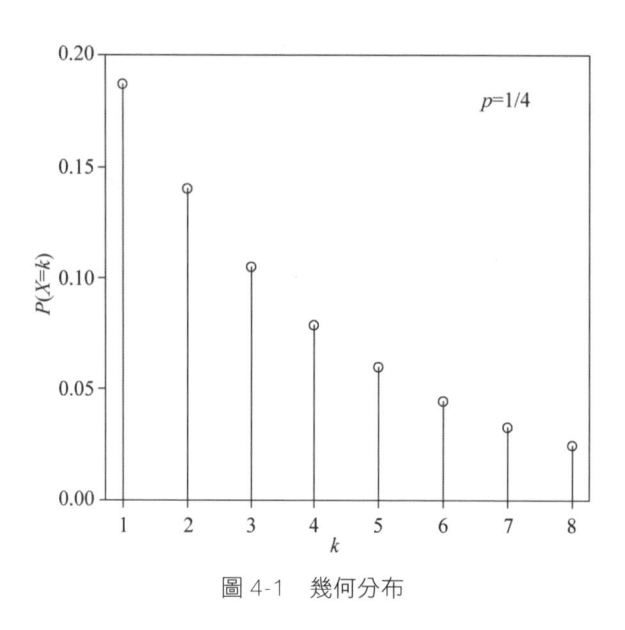

幾何分布只適用於反覆進行的獨立試驗，這一點很容易被人們忽視，我們用兩個例子來說明。

- 例1：選手 A 參加「一站到底」的選拔考試，題目分三類，歷史類、體育類和文學類，每一輪答題，A 要從三類題目的混合題庫中隨機抽取一道題作答。假設 A 只擅長歷史類問題，那麼，A 答對第一道題平均需要多少輪？

- 例2：選手 A 參加「一站到底」的選拔考試，題庫只有三個問題，分別屬於歷史類、體育類和文學類，每一輪答題，A 要從三個問題中隨機抽取一個作答，作答後該題隨即作廢。假設 A 只擅長歷史類問題，那麼，A 答對第一道題平均需要多少輪？

這兩個例子類似於抽樣中的重複抽樣和不重複抽樣。例1屬於重複抽樣，A 每一輪答題彼此獨立，而且答對的機率相同，都是1/3，因此，例1是典型的幾何分布，期望是1/(1/3)＝3，所以例1的答案是三輪；在例2中，如果 A 第一輪沒答對，第二輪答對的機率就會變為1/2，如果進入第三輪，他答對的機率更是100%，每輪答題的結果會改變後面輪次的機率，因此各輪之間不是互相獨立的，所以例2不能用幾何分布來解釋。

088

4.4 二項分布：反覆擲骰子

我們簡單計算一下便會發現：例2中A在第一、二、三輪首次答對的機率都是1/3，因此，他首次答對問題所需的平均輪次是 (1/3)×(1＋2＋3)＝2，即A平均只需要兩輪就可以答對一個問題。兩個相對比，不重複抽樣的規則更有利於A。

4.4　二項分布：反覆擲骰子

拿一副撲克牌，抽出鬼牌，剩下五十二張牌，分屬黑桃、紅心、梅花、方塊四種花色，把這五十二張牌隨機的發給四位玩家，每人十三張牌。定義花色分布為四種花色的牌數組合，並且與花色無關，例如：4－4－3－2是一種花色分布，5－5－3－0是另一種花色分布。請問：這十三張牌最可能的花色分布是怎樣的？

是看似最平均的4－3－3－3？還是其他花色分布？二項分布將會告訴我們答案。

二項分布來源於白努利定律，所謂白努利定律就是只有兩種可能結果的隨機試驗，比如拋硬幣。當一個白努利定律獨立地重複進行 n 次時，幾何分布只能告訴我們第一次何時發生，二項分布則可以告訴我們各種可能的結果發生的機率。接下來，我們就從幾何分布出發一起來認識二項分布。

幾何分布告訴我們，擲骰子時，平均意義上需要6次才會第1次出現六點。一個賭場老闆知道了這個結論，信心滿滿地開設了一個賭局：擲骰子5次，如果六點一次都沒出現，莊家贏；否則，莊家輸。他的想法是，既然平均要6次才會第1次出現六點，那麼擲5次不出現六點的機率肯定比出現六點的機率要高，莊家穩賺不賠。這個想法聽起來很可靠，到底對不對，我們來算一算。

骰子每次出現六點的機率依然是1/6，不出現六點的機率是5/6，我們要計算擲骰子5次至少出現1次六點的機率。請讀者們忘記逆向思維，要

真正認識二項分布，需要從正面來思考。至少出現 1 次，可以分為出現 1 次、2 次、3 次、4 次和 5 次共 5 種情況，「出現 1 次」又可以分為僅第 1 次出現、僅第 2 次出現、……、僅第 5 次出現共 5 種情況，如此這般，窮舉所有情況，一定可以計算出結果。除了窮舉法，我們還可以利用一個數學工具，使計算變得簡單，這個數學工具就是排列組合。

排列組合

排列組合是用來解決諸如「從牌堆裡取出若干張牌，有多少種可能的牌型」這類問題的數學公式，分為排列公式和組合公式兩類，排列是有序的，組合是無序的。我們以司諾克撞球為例，來學習排列組合的基礎知識。

司諾克撞球比賽開球時，除了白色母球外，球桌上有 15 顆紅球和 6 顆彩色球，紅球彼此相同，分值為一分，彩色球各不相同，按照分值由低到高分別為黃色球（2 分）、綠色球（3 分）、棕色球（4 分）、藍色球（5 分）、粉色球（6 分）和黑色球（7 分）。

組合問題：將兩顆紅球隨機放進 6 個球袋中的 2 個，有幾種放置方法？

因為紅球彼此相同，我們使用組合公式來計算，計算方法是：

$$\text{放置種類} = C_6^2 = 6!/(2! \times 4!) = 15 \text{ 種}$$

（註：! 是階乘符號，對任意整數 k，$k!$ 讀作「k 的階乘」，表示 $k \times (k-1) \times \cdots \times 2 \times 1$）

排列問題：將藍色球和粉色球隨機放進 6 個球袋中的 2 個，有幾種放置方法？

藍色球和粉色球彼此不同，同樣是放置在 1 號球袋和 2 號球袋中，有兩種放置方法，而兩顆紅球只有一種放置方法，如圖 4-2 所示。因此，我們使用排列公式來計算，計算方法是：

$$\text{放置種類} = A_6^2 = 6!/4! = 30 \text{ 種}$$

4.4 二項分布：反覆擲骰子

```
1 號球袋    紅   藍  粉

2 號球袋    紅   粉  藍

            組合     排列
```

圖 4-2 排列與組合的區別

將上述公式進行歸納，便可以得到排列組合的通用表達。

將 k 個相同的球放進 n 個球袋中的 k 個，是組合問題，共有

$$C_n^k = n!/[k! \cdot (n-k)!]$$ 種放置方法。

將 k 個互不相同的球放進 n 個球袋中的 k 個，是排列問題，共有種

$$A_n^k = n!/(n-k)!$$ 種放置方法。

二項分布

回到擲 5 次骰子的問題中，我們要分別計算六點出現 1 次、2 次、3 次、4 次和 5 次的機率。

首先計算六點只出現 1 次的機率，我們可以把所有可能的情況一一列舉出來，這些情況各自出現的機率都是 $(5/6)^4 \times (1/6)$，可是，有多少種可能的情況呢？每次擲的骰子是相同的，所以，這是一個組合問題，一共有 C_5^1 種可能的情況，將所有可能情況的機率相加，便得到了六點出現 1 次的機率：

$$P(六點出現 1 次) = C_5^1 \times (5/6)^4 \times (1/6) = 0.4019；$$

同理，可以計算出其他情況的機率：

$$P(六點出現 2 次) = C_5^2 \times (5/6)^3 \times (1/6)^2 = 0.1607；$$
$$P(六點出現 3 次) = C_5^3 \times (5/6)^2 \times (1/6)^3 = 0.0321；$$
$$P(六點出現 4 次) = C_5^4 \times (5/6)^1 \times (1/6)^4 = 0.0032；$$

$$P(\text{六點出現 5 次}) = C_5^5 \times (5/6)^0 \times (1/6)^5 = 0.0001。$$

將這五個機率相加便得到了六點至少出現 1 次的機率：

$$P(\text{六點至少出現 1 次}) = 0.5981$$

這個機率值大於 0.5，說明擲 5 次骰子至少出現 1 次六點的機率更大，莊家不可能透過這個賭局賺到錢！其實，即使把規則改為擲 4 次骰子，至少出現 1 次六點的機率也有 0.5177，還是大於 0.5，莊家依然是輸家。

把上面的計算方法進行歸納，便可以得到二項分布的通用表達。

設白努利定律有兩種可能結果 A 和 B，事件 A 發生的機率是 p，事件 B 發生的機率是 1−p，獨立地重複進行 n 次該試驗，設隨機變量 X 表示事件 A 發生的次數，我們稱隨機變量 X 服從參數為 n，p 的二項分布，記為 X ∼ b(n, p)，並且

$$P(X=k) = C_n^k \cdot (1-P)^{n-k} \cdot p^k$$

二項分布的期望和變異數分別是：

$$E(X) = n\text{p}$$
$$\text{Var}(X) = n\text{p}(1-\text{p})$$

在「大數法則」一節中，我們曾經提到過，反覆拋擲硬幣，正反面出現次數相等的機率，會隨著拋擲次數的增加越來越小，現在，我們就來計算一下正反面出現次數相等的機率。

拋擲硬幣 10 次，出現 5 次正面、5 次反面的機率是：

$$P = C_{10}^5 \times (1/2)^5 \times (1/2)^5 = 0.2461$$

拋擲硬幣 100 次，出現 50 次正面、50 次反面的機率是：

$$P = C_{100}^{50} \times (1/2)^{50} \times (1/2)^{50} = 0.0796$$

拋擲硬幣 1000 次，出現 500 次正面、500 次反面的機率是：

$$P = C_{1000}^{500} \times (1/2)^{500} \times (1/2)^{500} = 0.0252$$

對比這三個機率值可以發現，拋硬幣的次數越多，正反兩面出現次數相同的機率越小。

4.4 二項分布：反覆擲骰子

二項分布是一個十分獨特的分布，我們從它的分布圖中可以看出些端倪。圖 4-3 給出的是 b(10,1/2)、b(10,1/3)、b(10,1/5) 和 b(10,1/10) 的機率分布圖，我們觀察四張圖中的最高點：當 p=1/2 時，機率最高點出現在 X=5 的位置，機率分布關於最高點左右對稱，當 p=1/3、1/5 和 1/10 時，機率分布不再對稱，最高點的位置分別出現在 X=3、X=2 和 X=1，是不確定的。從這組分布圖中可以看出，二項分布並沒有固定的規律可循，只有畫出機率分布圖才能找到最高點，即機率的最大值。

本節的最後，我們要回答開頭提出的撲克牌問題了。十三張牌，四種花色，最可能的花色分布是哪一種呢？是 4—3—3—3 嗎？這個問題雖然不能直接用二項分布來計算，但是也具有二項分布相似的特徵——「最平均的情況」未必是機率最大的。表 4-5 是列出了部分花色分布的機率，機率最高的花色分布果真不是 4—3—3—3，而是 4—4—3—2！

請讀者們記住這個反直覺的案例，它將始終提醒著你：平均的未必是最可能發生的！

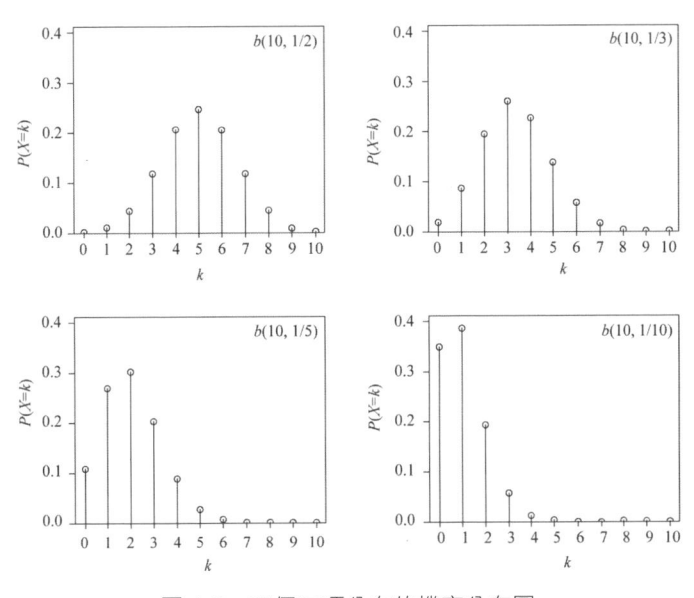

圖 4-3 四個二項分布的機率分布圖

表 4-5　花色分布的機率

花色分佈	機率（%）（由大到小排序）
4-4-3-2	21.6
5-3-3-2	15.5
5-4-3-1	12.9
5-4-2-2	10.6
4-3-3-3	10.5
6-3-2-2	5.6
…	…

4.5　帕松分布：神奇的 e

　　如果你每天走在路上，被鳥糞砸中的機率剛好是 1/365，你一年裡一次都沒被砸中的機率是多少？

　　如果你是一個守株待兔的獵人，每天有兔子撞到樹上的機率是 1/1,000，三年裡你一隻兔子都沒逮到的機率是多少？

　　如果飛機失事的機率是百萬分之一，你坐一百萬次飛機還沒遇到事故的機率是多少？

　　這些問題的答案全部都是 37%。

　　校園裡有很多鳥兒，平日裡走在林蔭路上，真的可能被鳥糞砸中，我很幸運，大學四年一次都沒被砸中，反而是我的一個外校同學，第一次來遊玩就被鳥糞砸個正著。這就是讓人無法預測的小機率事件，這些事件的確發生過，未來也有可能再次發生，可是誰也不知道它什麼時候發生，它像幽靈一般神祕莫測。即便如此，統計學家們還是找到了其中的規律，我們先從 37% 這個神奇的數字說起。

4.5 帕松分布：神奇的 e

神奇的常數 e

　　37%，這個數字對大多數人來說很陌生，或許只有數學家才會知道，這個數字正是 1/e 的值。e 是自然對數函數的底數，是個無限不循環小數，數值為 2.7182⋯。提起數學中的常數，大多數人會首先想到 π，其實，自然對數底 e 也是數學世界中十分重要的常數。下面我們就透過一個複利的小故事告訴你 e 的由來。

　　有一天，一個生意人急著用錢，便向一個財主借錢。財主見生意人十分著急，便趁機抬高利息，他開出的條件是，生意人每借 1 兩銀子，就要在一年後還 2 兩銀子，利率高達 100%！正在生意人猶豫不決之時，財主又有了一個主意，他想，如果改成半年的利率 50%，還是借一年，那麼，半年後可以得到 1.5 兩銀子，一年後就可以得到 2.25 兩銀子，這樣賺得更多！他趕緊收回了此前的條件，改成了半年還錢的新條件。可是，話剛說完，他就又後悔了。既然半年還錢比一年還錢賺得更多，那為何不改為每月還錢、每週還錢、每天還錢呢？於是財主趕緊回屋拿起筆一算：

半年還一次，利率 50%，還錢總數是 $(1 + 0.5)^2 = 2.25$（兩）；

每月還一次，利率 1/12，還錢總數是 $(1 + 1/12)^{12} = 2.6130$（兩）；

每週還一次，利率 1/52，還錢總數是 $(1 + 1/52)^{52} = 2.6926$（兩）；

每天還一次，利率 1/365，還錢總數是 $(1 + 1/365)^{365} = 2.7146$（兩）。

　　計算結果讓財主十分失望，還錢總數並沒有預想的那麼多。到這裡讀者一定看出來了，如果我們把每天再拆成每一小時、每一分鐘、每一秒鐘，還錢總數會增長的更加緩慢，最終會越來越接近神奇的自然對數底 e。從數學的角度來看，當 x 趨於無窮大時，$(1 + 1/x)^x$ 的極限值正是 e。

　　1/e 的值是 0.3679⋯，近似為 37%，它與小機率事件之間的神祕關係源於「小機率事件定律」。小機率事件定律，是指一個十分罕見的隨機事件，幾乎只發生過一次，並且今後能否再次發生難以預測，那麼這個事件不再發生的機率是 1/e。被鳥糞砸中、兔子撞樹、飛機失事都滿足上述條件，因

此這些事件不再發生的機率都是37%。

小機率事件定律聽起來有些玄妙，其實背後也是有數學原理的，這就是帕松分布。

帕松分布

被雷劈、中樂透、飛機失事等小機率事件總是讓人難以捉摸，它們很少發生，幾乎無法預測，即便如此，機率統計還是有辦法用數學公式來描述它們。帕松分布正是用來描述那些無法預測的小機率事件發生次數的分布，設隨機變量 X 表示某事件發生的次數，若 X 服從帕松分布，則有：

$$P(X=k) = \frac{\lambda^k}{k!} e^{-\lambda}, k=0,1,2,\cdots$$

公式中的 λ（英文寫作 lamda）是一個常數，帕松分布的期望和變異數都是 λ，圖 4-4 是 λ=1 時的帕松分布圖。

當 $k=0$、$\lambda=1$ 時，$P(X=0)=1/e$，這便是小機率事件定律的數學原理。

帕松分布在生活和科學研究中的應用十分廣泛。比如每個小時進入銀行辦理業務的人數、報紙上每一頁的錯字數量、某個網頁的點擊量。網頁的點擊量？你肯定會對這個例子表示質疑，因為點擊某個網頁未必是小機率事件，如果這個網頁是 Google 的首頁怎麼辦？答案是：縮短時間跨度。

帕松分布描述的是一個小機率事件在單位時間內發生的次數，這裡的「單位時間」是可以任意指定的，對一個熱門網頁來說，一秒的點擊量可能都有上萬次，肯定算不上小機率事件，那麼我們就把單位時間調整到一毫秒甚至一微秒，在那樣的「單位時間」裡，網頁點擊一定可以算作小機率事件了。另外，帕松分布所描述的事件一定是無法預測的隨機事件，以網頁點擊來說，全球幾十億網路使用者隨時可能會點擊某個網頁，如此難以預測的事件一定是隨機事件。

4.5 帕松分布：神奇的 e

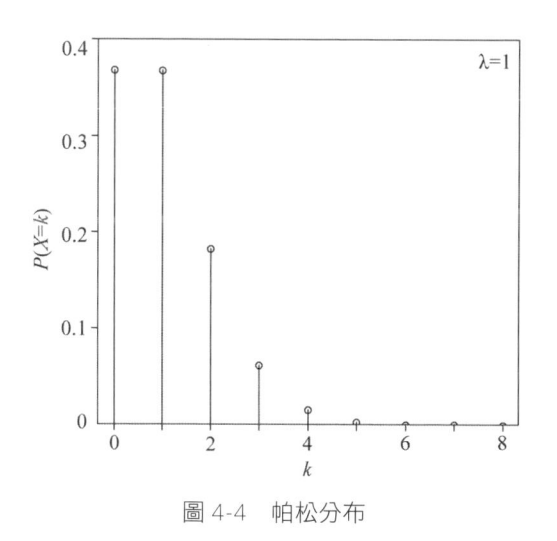

圖 4-4 帕松分布

回顧帕松分布的表示式，除了自然對數底 e 之外，還有一個常數 λ，這個常數是怎麼來的呢？

這需要從二項分布談起。我們知道，美式大轉盤共有 38 個數字，每一局只會出現一個數字，所以每個數字出現的機率都是 1/38。以數字「00」為例，「00」在每一局中出現的機率都是 p=1/38，那麼，在 n=38 局遊戲中，「00」出現 k 次的機率是多少？

我們把每一局的結果分為「00」和「非 00」兩種結果，於是，大轉盤遊戲變成了一個白努利定律，回顧上一節學習的二項分布，「00」出現 k 次的機率是

$$P(X=k) = C_n^k \cdot (1-p)^{n-k} \cdot p^k = C_{38}^k \cdot (1-\frac{1}{38})^{38-k} \cdot (\frac{1}{38})^k$$

在這裡，我們特意選擇了 n=38 局，是因為我們需要 np 成為一個常數，這個常數就是 λ。我們設 λ=np 是一個常數，用 λ/n 代替 p，可以得到：

$$P(X=k) = C_n^k \cdot (1-p)^{n-k} \cdot p^k$$
$$= \frac{1}{k!} \cdot \frac{n}{n} \cdot \frac{n-1}{n} \cdot \frac{n-k-1}{n} \cdot \lambda^k \left(1-\frac{\lambda}{n}\right)^n \left(1-\frac{\lambda}{n}\right)^{-k}$$
$$\approx \frac{\lambda^k}{k!} e^{-\lambda}$$

帕松分布出現了，它是二項分布的近似表示式。在上面的例子中，$n=38$，$p=1/38$，因此 λ 是 1。我們也可以令 λ 為其他常數，只要你取適合的 n 和 p 就可以了。

在求解機率問題的過程中，如果 $n > 20$ 並且 $p < 0.05$，我們就可以用帕松分布來近似二項分布，這種近似會幫助我們大大簡化計算過程。

4.6　正態分布：完美曲線

電子體重計是很多家庭的必備家電，一家人常常量體重，各有目標：爸爸要變得健壯，媽媽要保持身材，孩子要茁壯成長。我們用電子體重計時，測一次足矣，雖然初中課本教過我們「測量有誤差，多次測量可以減小誤差」，可是我相信，沒人會為了消除誤差量五次、十次，除了某些數學天才。

亨利‧龐加萊（1854 至 1912）是法國數學家、天體力學家、數學物理學家、科學哲學家，被公認為十九世紀末、二十世紀初的領袖數學家。他有一樁與稱重有關的軼事：

龐加萊常去住處附近的一家麵包店，每次買一塊麵包，重量是一公斤。不知是出於懷疑還是因為是處女座，龐加萊每次買完麵包回家都要再稱一次重量，然後記在本子上。就這樣，龐加萊堅持稱重一年，計算出重量的平均數是 950 克，甚至還畫出了一個直方圖，如圖 4-5 所示，然後，他報了警！他投訴這個麵包店缺斤少兩，數據和直方圖可以作證，讓這家倒霉的麵包店被迫停業整頓一個月。

麵包店重新開張後，龐加萊繼續買麵包，繼續稱重，繼續記錄，繼續畫圖。一年以後，龐加萊再次計算麵包重量的平均數，結果是一公斤，看來麵包店改正了自己缺斤少兩的問題；可是，龐加萊觀察直方圖時還是發現了問題：麵包的重量本應服從平均數為一公斤的正態分布，可是直方圖

4.6 正態分布：完美曲線

的形狀明顯不符合！龐加萊稍一動腦便猜到了原因：麵包店並沒有改正缺斤少兩的問題，只不過把重一點的麵包特意賣給了自己！於是，他又報了警……

在這樁軼事中，最摸不著頭腦的非警察莫屬，而他們要想弄清楚龐加萊報警的原因，必須學會機率統計中最重要、最常用的正態分布！

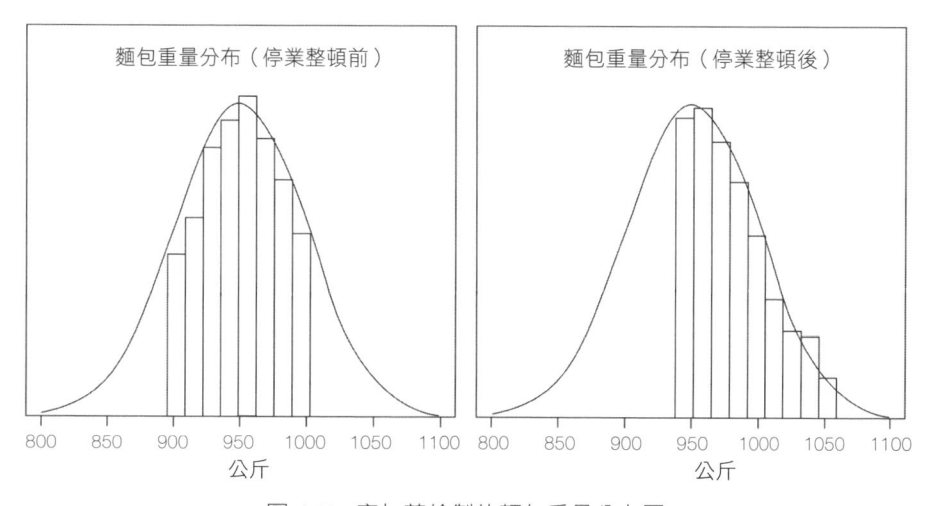

圖 4-5 龐加萊繪製的麵包重量分布圖

正態分布

正態分布，又稱高斯分布，是機率統計中最常用的機率分布，與此前學習的機率分布不同，正態分布是連續隨機變量的機率分布，在描述連續隨機變量的分布時，我們使用機率密度函數 $f(X)$，而不是 P(X)，f(X) 來源於微積分，這裡不做詳述，讀者們可以把 $f(X)$ 當作 P(X) 的一種微觀表達方式。

如果隨機變量 X 的機率密度函數為：

$$f(X) = \frac{1}{\sqrt{2\pi}\sigma} e^{\frac{(x-y)^2}{2\sigma^2}}$$

則稱 X 服從正態分布。我們不需要記住這個複雜的公式，但一定不能忘記正態分布那條完美的鐘形曲線，如圖 4-6 所示。

正態分布的期望為 μ，變異數為 $σ^2$，標準差為 σ，我們常把期望為 μ、變異數為 σ2 的正態分布記為 N(μ, $σ^2$)，隨機變量 X 服從該分布記為 X～N(μ, $σ^2$)。圖 4-6 是標準正態分布 N(0,1) 的機率分布曲線，從圖中可以看出，標準正態分布關於 x＝0 左右對稱，此外，圖 4-6 還標註了隨機變量 X 的值落在 [-1,1]、[-2,2] 和 [-3,3] 區間的機率大小，X 的值處於 [-3,3] 區間的機率達到了 99.7%，接近 100%！這個特性叫做「3σ 法則」，它可以拓展到所有的正態分布，即服從正態分布 N(μ, $σ^2$) 的隨機變量的值幾乎一定會落在 [μ−3σ,μ＋3σ] 這個區間內。

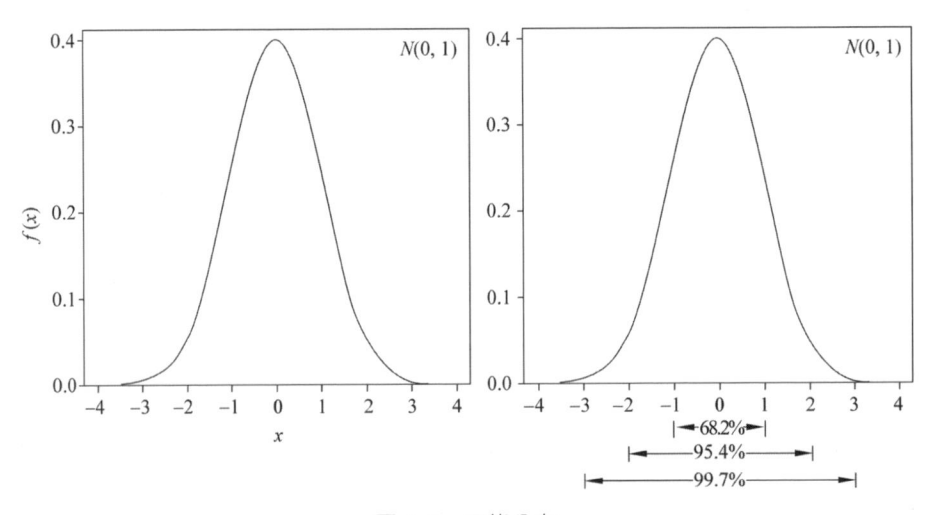

圖 4-6　正態分布

在前文中，我們多次提到正態分布是「最常用」的機率分布，這可不是空穴來風，因為正態分布有一種獨一無二的能力──化繁為簡。在龐加萊稱麵包的例子中，龐加萊一口咬定，麵包的重量服從正態分布，這是為什麼呢？麵包雖小，所含的成分卻不少：麵粉、水分、鹽、酵母，甚至空氣都是麵包的成分，每一種成分的重量都有或多或少的隨機性，要計算這些隨機變量相加之後的機率分布一定十分複雜，大概只有天才數學家才能

4.6 正態分布：完美曲線

搞定吧？其實不然，或許龐加萊連麵包的成分都不清楚，但他可以確定，麵包的重量服從正態分布，因為他懂得——中央極限定理。

中央極限定理是與大數法則並列的重要機率理論，它有幾種不同的表達方式，核心思想是，大量的獨立隨機變量相加，不論各個隨機變量的分布是怎樣的，它們的和必定會趨向於正態分布。麵包裡雖然有很多種未知分布的隨機成分，只要這些成分加在一起，一塊麵包的重量便會服從正態分布。

讀者還記得「大數法則」嗎？「大數法則」的另一種表達方式是「平均數定理」，其含義是，隨機變量 X 多個觀察值的平均數會隨著觀察值的增加，越發趨近於期望值 μ，中央極限定理進一步告訴我們，平均數服從期望為 μ 的正態分布。在各種測量試驗中，我們一般都認為，測量結果的平均數服從正態分布，根據總體平均數估計的結論，正態分布的期望 μ 是應與觀察值的平均數近似相等，這就是龐加萊用來證明麵包店缺斤短兩的數學原理。

三大分布

正態分布是機率統計最重要的分布，由它演變而來的另外三個分布並稱統計學「三大分布」，在統計學中有很廣泛的用途，下面我們就來認識一下它們。

X^2 分布

設 $X_1, X_2, \cdots, X_n$ 是來自總體 N（0,1）的樣本，則稱統計量

$$X^2 = X_1^2 + X_2^2 + \cdots + X_n^2$$

服從自由度為 n 的 X_2 分布（讀作「卡方分布」），記為 $X \sim X^2(n)$，機率分布如圖 4-7 所示。

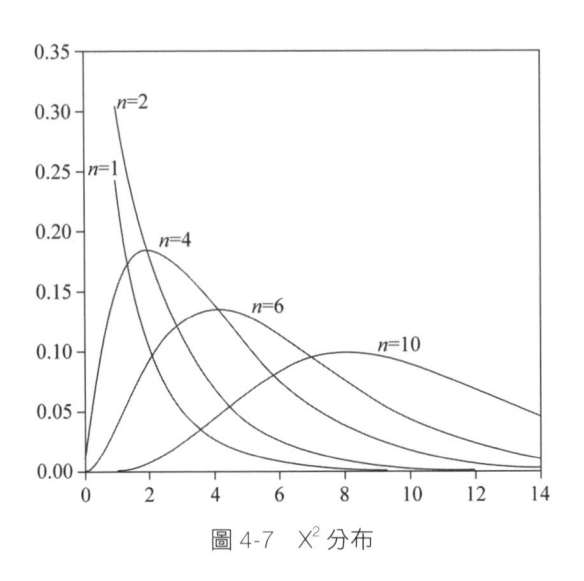

圖 4-7 X² 分布

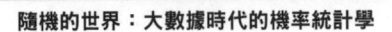

X₂ 分布的期望和變異數分別是

$$E(X^2) = n, \ D(X^2) = 2n$$

t 分布

設 $X \sim N(0, 1), Y \sim X^2(n)$，並且 X 和 Y 互相獨立，則稱隨機變量

$$t = \frac{X}{\sqrt{Y/n}}$$

服從自由度為 n 的 t 分布，記為 $t \sim t(n)$，機率分布如圖 4-8 所示。

4.6 正態分布：完美曲線

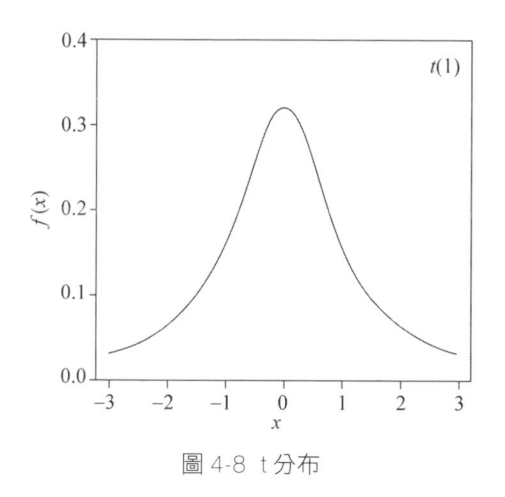

圖 4-8 t 分布

F 分布

設 $X \sim \chi^2(n_1), Y \sim \chi^2(n_2)$，且 X 和 Y 互相獨立，則稱隨機變量

$$F = (X/n_1)/(Y/n_2)$$

服從自由度為 (n_1, n_2) 的 F 分布，記為 $F \sim F(n_1, n_2)$，機率分布如圖 4-9 所示。

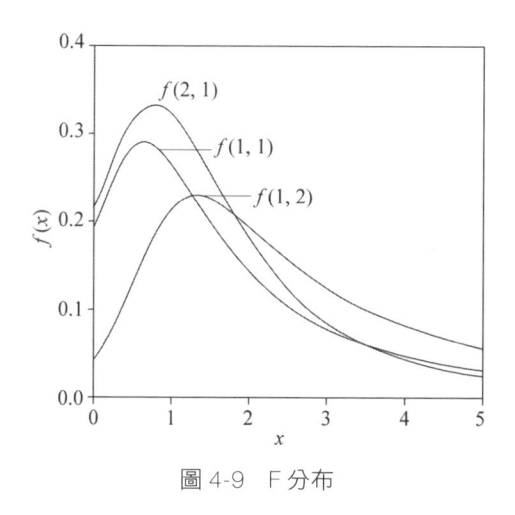

圖 4-9 F 分布

這三大分布在假設檢定、參數估計等統計學問題中常常使用，本書不會對這三大分布做深入介紹，感興趣的讀者可以閱讀統計學的專業書籍。

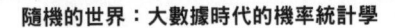

4.7 指數分布：「二八」與「長尾」

強大的指數

提起指數，讀者們一定對「棋盤上放麥粒」的故事很熟悉，這個故事源自古印度的一個傳說：

舍罕王打算重賞象棋的發明者宰相達伊爾，達伊爾跪在國王面前，提出了自己的請求：「陛下，請您在棋盤上第一個小格裡放一粒麥子，第二個小格裡放兩粒麥子，第三個小格裡放四粒麥子，如此這般，直到填滿整個棋盤，這就是微臣要的獎賞。」國王一聽，覺得這樣的要求實在不足為奇，但既然達伊爾如此要求，便下令滿足他的要求。僕人們扛來一袋麥子，本以為足夠，可是還沒填滿十格就不夠了。之後，一袋又一袋的麥子被扛過來，但填滿棋盤依然遙遙無期。最後，國王不得不承認，傾全國之麥粒也無法滿足達伊爾的請求。

國際象棋的棋盤有 64 個格子，按照達伊爾的請求，最後一個格子裡要放 2^{63} 粒麥子，我們用電腦的常用計量單位來衡量這個數字，2^{13} 大約是 1KB，2^{23} 是 1MB，2^{33} 是 1GB，2^{43} 是 1TB，2^{53} 是 1PB，2^{63} 是 1EB，即使對超級電腦來說，這也是個十足的「大數據」！

指數既能把數字變得無窮大，也能把數字變得無窮小。有這樣一個與指數有關的問題：假設有一種細胞，分裂和死亡的機率相同，都是 50%。如果一個物種從這樣一個細胞開始進化，那麼這個物種滅絕的機率是多少？

直覺告訴我們，應該是 50% 吧。但仔細想想：如果細胞一開始就死亡，物種便滅絕了，機率是 50%；如果第一個細胞分裂為兩個細胞，這兩個細胞有可能全部死亡，這種情況的機率是 50%×50%×50%＝12.5%，如此一直計算下去，會得到無窮多的機率，這些機率相加就是物種滅絕的機率。因此這個機率肯定大於 50%，可是究竟是多少，我們來算一算。

4.7 指數分布:「二八」與「長尾」

設 A 表示物種滅絕事件,B_1 表示第一個細胞分裂,B_2 表示第一個細胞死亡,根據全機率公式,有如下等式:

$$P(A) = P(A|B_1) \cdot P(B_1) + P(A|B_2) \cdot P(B_2)$$

很顯然,$P(B_1)$=50%,$P(B_2)$=50%,$P(A|B_2)$=1。$P(A|B_1)$ 表示第一個細胞分裂的前提下,物種滅絕的機率,第一個細胞會分裂為兩個獨立的細胞,因此 $A|B_1$ 事件等同於「兩個細胞各自分裂或死亡,最終物種滅絕的機率」,由於這兩個細胞彼此獨立,因此「兩個細胞導致物種滅絕」的機率是「一個細胞導致物種滅絕」的機率的平方,即 $P(A|B_1)=[P(A)]^2$,這與寫程式中的遞歸算法異曲同工。

我們用 p 代替 P(A),便可以得到如下等式:

$$p = p^2/2 + 1/2$$

解這個方程式,會得到一個驚人的答案:p=1,物種必然會滅亡!

這就是指數,不論變大還是變小,它總是擁有無比強大的爆發力!

指數分布

在機率統計中,也存在一個與指數有關的分布——指數分布。

如果隨機變量 X 的機率密度函數為:

$$f(X) = \begin{cases} \dfrac{1}{a}e^{-x/a} & , x > 0 \\ 0, & x \leqslant 0 \end{cases}$$

則稱 X 服從參數為 a 的指數分布,其中 a 為大於 0 的常數。

圖 4-10 為 a 取不同數值時的指數分布曲線。

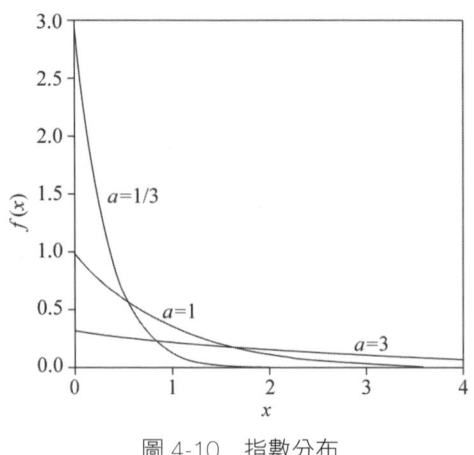

圖 4-10　指數分布

指數分布的一個重要的性質是「無記憶性」，它指的是服從指數分布的隨機變量 X 滿足：

$$P(X > s + t | X > s) = P(X > t)$$

其中，s 和 t 是兩個常數。

舉個例子：設隨機變量 X 是燈泡的使用時間，X 服從指數分布。那麼，上面的等式可以解讀為，燈泡在已經使用 s 小時的條件下，使用時間長於 s + t 小時的機率，與燈泡使用時間長於 t 小時的機率相等。看起來，燈泡似乎「忘記」了自己曾經使用了 s 小時，這就是「無記憶性」，正因為這一特性，指數分布常常應用於「排隊論」中。

在人來人往的社會中，排隊是每天必做的事情。上下班排隊等公車、去超市購物排隊結帳、開車出遊排隊等收費站，牽著愛人的手到戶政事務所，也要排隊登記結婚。排隊論，也稱隨機服務系統論，它透過對服務對象到來，以及服務時間的統計研究，得出統計規律，再根據這些規律改進服務系統的結構。

我們以銀行為例：銀行一般會開設若干窗口為顧客服務，顧客依次進入大廳，抽號碼牌，然後坐在大廳等候叫號，這是一個非常典型的排隊論研究場景。排隊論中，常常假定顧客的到來是「不可預測」的隨機事件，

4.7 指數分布:「二八」與「長尾」

所以顧客單位時間內到達的人數,服從帕松分布,與之相對應的,顧客的到達時間間隔恰恰服從指數分布,我們設單位時間內到達的顧客數量為 λ,則顧客的到達時間間隔 T 服從如下的機率密度函數:

$$f(t) = \lambda e^{-\lambda t}, t \geqslant 0$$

T 的平均數為 $1/\lambda$,變異數為 $1/\lambda^2$。

指數分布的無記憶性體現在,從任意時刻算起,顧客的到達時間間隔都服從同樣的指數分布,這正是指數分布的神奇之處。另一個典型的排隊論場景,是排隊等公車。在交通繁忙的城市裡,公車的到站時間往往難以預測,因此公車的到達時間間隔也近似服從指數分布,這就意味著,無論你什麼時候到達車站,等候時間都服從同樣的指數分布。所以,剛剛錯過一輛未必意味著需要等待很久,已經等了很久未必意味著車會馬上來,在公車站裡,我們能做的只有耐心等待。

「二八定律」與「長尾理論」

由指數分布衍生出了兩個著名的理論——「二八定律」和「長尾理論」。

「二八定律」指的是生活中的許多不平衡現象,往往呈現 20%、80% 的分布規律,比如,社會上 80% 的財富被 20% 的富人占有,公司 80% 的收益來自 20% 的客戶,行業裡 80% 的市場份額被 20% 的強勢品牌占有。

「二八定律」又稱帕累托定律,它源自義大利經濟學者帕累托的一個發現。1897 年,帕累托偶然注意到 19 世紀英國人的財富和收益模式。在調查取樣中,他發現大部分財富流入了少數人手裡,這種微妙關係在其他國家一再出現,而且在數學上呈現出一種穩定的關係。帕累托從中總結出這樣的規律:財富在人口中的分配是不平衡的,社會上 20% 的人占有 80% 的財富。

在帕累托定律之後,人們相繼發現很多領域都存在類似的不平衡現象,一個知名的例子是猶太人經商的「二八定律」:美國企業家威廉·穆

爾在為格利登公司銷售油漆時，第一個月僅賺了 160 美元。此後，他學習猶太人經商的「二八定律」，分析自己的銷售圖表，發現 80% 的收益來自 20% 的客戶，但是他卻對所有客戶花費了同樣多的時間。於是，威廉·穆爾把最不活躍的 36 個客戶分給其他銷售人員，自己則把精力集中到那 20% 的客戶上；不久，他一個月就賺到了 1,000 美元。威廉·穆爾從此學會了猶太人經商的「二八定律」，連續九年堅持這一法則，最終成為凱利—穆爾油漆公司的董事長。

「二八定律」是對線性思維的顛覆，它提醒我們，財富的分配往往不平均，因此，我們也不應該用簡單的線性思維來分配我們的時間，把更多的時間用在最有成效的「20%」身上，才能走上成功之路！

網際網路時代催生的「長尾理論」是對「二八定律」的顛覆。與「二八定律」相反，「長尾理論」關注指數分布的後 80% 的「利基市場」，如圖 4-11 所示。「長尾理論」認為，在高度發達的網路時代，商品的生產、儲存、流通、銷售的成本大大降低，需求量較低的小眾產品可以毫不費力地找到買家，大量的小眾產品會占有很大的市場份額，甚至可能超過那 20% 的主流產品。例如，一家大型書店通常可擺放 10 萬本書，但亞馬遜網路書店的圖書銷售額中，有 1/4 來自排名 10 萬以後的書籍，而且這一比例仍在上升。

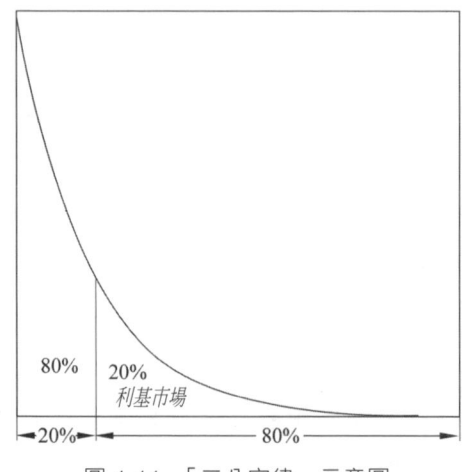

圖 4-11 「二八定律」示意圖

4.7 指數分布:「二八」與「長尾」

「長尾」一詞最早由美國《連線》雜誌主編克里斯‧安德森提出。克里斯‧安德森喜歡從數字中發現趨勢,在跟 ECast 首席執行官范‧阿迪布的一次會面時,阿迪布提出一個讓人耳目一新的「98 法則」——數位音樂的數據統計結果顯示:聽眾對 98% 的非熱門音樂有無限的需求,非熱門音樂的潛在市場空間無比巨大。安德森意識到,這個有悖常識的「98 法則」或許隱含著一個真理。於是,他系統研究了 Amazon、Google、eBay、Netflix 等網際網路零售巨頭的銷售數據,並與沃爾瑪等傳統零售商的銷售數據進行了對比,得到了一條需求曲線,這條曲線拖著長長的尾巴,「長尾」由此得名。

安德森把他的發現整理成文章,標題正是「長尾」,這篇文章刊登在《連線》雜誌 2004 年 10 月號,迅速竄升為這家雜誌歷史上被引用最多的文章,隨後安德森據此撰寫了《長尾理論》,這本書也一舉登上紐約時報暢銷書排行榜。

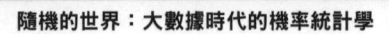

第五章
賭博中的機率統計

導語：賭博，永遠不缺乏激情，可是鮮為人知的是，賭博的原理恰恰是嚴謹的機率統計。學會了賭博中的機率統計，可以讓我們更加享受賭局，真正做到「充滿激情的同時不喪失理性，充滿理性的同時不喪失激情」！

5.1　賭博：激情與理性

在我們的認知裡，賭博總被認為是低級、負面的，然而細細想來，賭博本是一個中性詞。澳門賭場裡的老虎機、大轉盤是賭博，過年時家裡的兩桌麻將也是賭博，對大多數人來說，賭博是為了體驗「未知」帶來的刺激，就像球迷盯著電視看足球比賽罰十二碼一樣，那千鈞一髮的時刻總是充滿變數，無比刺激！

賭博在幾百年前就已經存在，如今甚至發展成為一個獨立的產業——博弈業，世界四大賭城——拉斯維加斯、大西洋城、蒙地卡羅和澳門——正是博弈業的象徵。

博弈業有很多分支，比如樂透、賭場、賽馬等，大部分未開放賭博合法化國家的博弈業，主要由福利樂透和體育樂透構成。

賭場中的賭博花樣繁多，老虎機、大轉盤是賭博機的代表，德州撲克、21 點是撲克類的代表。

賽馬，又稱賭馬，是對跑馬結果進行競猜的一種樂透。由巴黎實業家

奧萊於十九世紀末發明，後來成為全世界最盛行的一種賭博。

無論哪一種博弈方式，都建立在機率統計的基礎之上。在前面第二章中我們提到，機率論起源於骰子遊戲的研究。伽利略、帕斯卡、費馬等多位數學家都曾研究過骰子遊戲中的機率問題，「樣本空間」、「條件機率」等概念也從這些研究中萌芽出來。後來，機率論形成並逐漸完善，催生了豐富的博弈種類，鑄就了博弈業的興盛。一個合格的博弈玩家必須懂得博弈背後的機率原理，否則，他一定是賭局裡那個頭腦發昏的笨蛋！

總而言之，要真正享受博弈的樂趣，就要做到「充滿激情的同時不喪失理性，充滿理性的同時不喪失激情」！本章，我們就來聊聊隱藏在賭局背後的機率統計原理。

博弈業各種玩法示意圖如圖 5-1 所示。

圖 5-1　博弈業各種玩法示意圖

5.2　雙色球：千年等一回

數字類樂透規則簡單、操作方便，是全球最流行的博弈方式。中國的

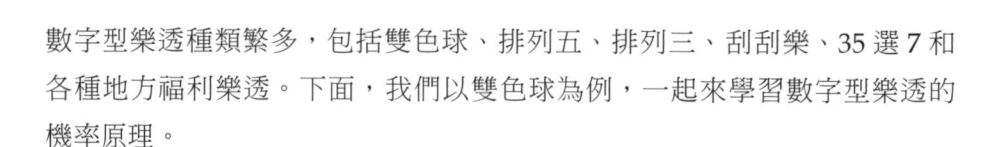

數字型樂透種類繁多，包括雙色球、排列五、排列三、刮刮樂、35 選 7 和各種地方福利樂透。下面，我們以雙色球為例，一起來學習數字型樂透的機率原理。

投注規則

雙色球是中國數字型樂透的經典彩種，於 2003 年開始在全中國聯網發售，是全中國銷售額最大的彩種之一，曾經出現過多位獎金過億人民幣的中獎者。

雙色球的投注規則是：雙色球投注區分為紅球號碼區和藍球號碼區，紅球號碼區由 1 ～ 33 共 33 個號碼組成，藍球號碼區由 1 ～ 16 共 16 個號碼組成。投注時選擇 6 個紅球號碼和 1 個藍球號碼組成一注進行單式投注，如圖 5-2 所示，每注金額 2 塊人民幣。

第 2016048 期開獎號碼　　15　08　13　14　03　30　04

圖 5-2　雙色球示意圖

單式投注：規則中的「單式投注」是指投注者每次只選擇一組投注號碼，例如，紅球的 01、02、03、04、05、06 和藍球 07，或者紅球 15、08、13、14、03、30 和藍球 04（如圖 5-2 所示）。

複式投注：與單式投注相對的是複式投注。複式投注是指，投注者一次選擇多個投注號碼，一次性購買這些號碼構成的所有可能的投注，例如，投注者複式投注紅球 01、02、03、04、05、06、07，這意味著，投注者將一次性購買由 01、02、03、04、05、06、07 中任意 6 個構成的所有投注號碼，包括「01、02、03、04、05、06」、「01、02、03、04、05、07」、「01、02、03、04、06、07」等。

倍投：成倍投注的簡稱，指的是投注者對同樣的投注號碼進行重複購買，例如，對紅球的 01、02、03、04、05、06 和藍球 07 這組號碼進行五

5.2 雙色球：千年等一回

倍投，意味著投注者購買了 5 組同樣的號碼。

雙色球共設六個中獎等級，規則如下：

- 一等獎：投注號碼與當期開獎號碼全部相同，獎金浮動；
- 二等獎：投注號碼與當期開獎號碼中的 6 個紅色球號碼相同，獎金浮動；
- 三等獎：投注號碼與當期開獎號碼中的任意 5 個紅色球號碼和 1 個藍色球號碼相同，獎金 3,000 元；
- 四等獎：投注號碼與當期開獎號碼中的任意 5 個紅色球號碼相同，或與任意 4 個紅色球號碼和 1 個藍色球號碼相同，獎金 200 元；
- 五等獎：投注號碼與當期開獎號碼中的任意 4 個紅色球號碼相同，或與任意 3 個紅色球號碼和 1 個藍色球號碼相同，獎金 10 元；
- 六等獎：投注號碼與當期開獎號碼中的 1 個藍色球號碼相同，獎金 5 元。

其中，一等獎和二等獎的獎金與每期的樂透銷售總額和中獎人數有關，屬於浮動型獎金。

投注策略

下面，我們來計算雙色球的中獎機率。雙色球是一個典型的組合問題，紅球是從 33 個數字中選出 6 個，藍球是從 16 個數字中選出 1 個，並且紅球和藍球之間互相獨立。我們假設投注者購買了一組投注號碼，那麼，在開獎之前，這組號碼的中獎機率分別是：

P(中一等獎) $= 1/(C_{33}^6 \cdot C_{16}^1) = 0.0000056\%$

P(中二等獎) $= C_{16}^1/(C_{33}^6 \cdot C_{16}^1) = 0.000090\%$

P(中三等獎) $= (C_6^5 \cdot C_{27}^1)/(C_{33}^6 \cdot C_{16}^1) = 0.00091\%$

P(中四等獎) $= (C_6^5 \cdot C_{27}^1 \cdot C_{16}^1 + C_6^4 \cdot C_{27}^2)/(C_{33}^6 \cdot C_{16}^1) = 0.044\%$

P(中五等獎) $= (C_6^4 \cdot C_{27}^2 \cdot C_{16}^1 + C_6^3 \cdot C_{27}^3)/(C_{33}^6 \cdot C_{16}^1) = 0.81\%$

P(中六等獎) $= 1/C_{16}^1 = 6.25\%$

這組號碼不中獎的機率是：

P(未中獎) ＝1－P(中一等獎)－P(中二等獎)－P(中三等獎)－
　　　　　　P(中四等獎)－P(中五等獎)－P(中六等獎)
　　　　　＝92.90%

雙色球獎項、中獎機率和獎金如表 5-1 所示。

表 5-1　雙色球獎項、中獎機率和獎金

獎項	中獎機率（%）	獎金（元）
一等獎	0.0000056	浮動
二等獎	0.000090	浮動
三等獎	0.00091	3,000
四等獎	0.044	200
五等獎	0.81	10
六等獎	6.25	5
未中獎	92.90	0

雙色球一共有約 17,700,000（$C_{33}^{6} \cdot C_{16}^{1}$）組可能的號碼，要中一等獎，需要所有號碼都相同，因此中獎的機率便是 1/17,700,000，即 0.0000056%。雙色球每週銷售三期，一年有 52 週，因此，一年裡我們可以投注雙色球約 150 次，如果每次單式投注一組號碼，中一次一等獎平均需要 118,000 年，即使每次投注 100 組號碼，平均也需要 1,180 年，真可謂「千年等一回」，想要戰勝小機率事件談何容易！

假定一等獎的獎金為 500 萬元，二等獎的獎金為 50 萬元，一組單式投注號碼的獎金期望是：

E(獎金) ＝5,000,000×P(中一等獎) ＋ 500,000×P(中二等獎) ＋
　　　　　3,000×P(中三等獎) ＋ 200×P(中四等獎) ＋
　　　　　10×P(中五等獎) ＋ 5×P(中六等獎)
　　　　＝1.24（元）

每組號碼的投注金額是 2 元，因此，一組號碼的收益期望為：

E(收益) ＝ 2－1.24 ＝ -0.76（元）

5.2 雙色球：千年等一回

投注者每購買一組號碼，平均會損失 0.76 元。

現在，我們知道了兩件事：一是中一等獎的機率非常低；二是買雙色球不可能賺到錢。其實，這兩件事是眾所周知的，我們只是用數學算式驗證了它們是正確的。那麼，投注者為什麼還要買樂透呢？為了那看似渺茫的中獎機會！不管中獎機率有多低，總有人中大獎，所以我們還是要買，而且要堅持買！那麼，怎麼買才更合理呢？或者換一種問法，有沒有什麼方法能提高中獎機率？

據我的觀察，買雙色球的人大約用三種方法選擇號碼：第一種是機選，你只要走到投注網點，掏出兩塊錢，來一注機選，投注設備會隨機幫你選出一組號碼；第二種是守號，你躺在床上冥思苦想出一組號碼，裡面可能包含你的生日和你的幸運數字，你覺得這組號碼是屬於你的獨家搭配，於是你每次都買這組號碼，高興了還會來個倍投；第三種是自主選號，每當買彩之前，你都苦思冥想一陣子，神祕的第六感指引你寫出一組號碼，就買它了！

這三種方法的區別在於兩點：一是號碼由機器選出還是你自己選出；二是每次買的號碼相同還是不同。這三種方法的共同點只有一個，你會在開獎之前買一組號碼，而且不可更改。不論我們在樂透影印出來之前做了什麼，我們都會花兩塊錢，買一組號碼，當這組號碼已經確定之時，一切的選號方法都沒有意義了，你只能坐等晚上九點半的開獎。不論你是怎麼選出這組號碼的，也不論這組號碼是什麼，此時此刻，你中大獎的機率就是 0.0000056%，不會更大，也不會更小。

總有些人不死心，因為他們相信「大數法則」，就連樂透網站上也會提供類似如圖 5-3 所示的號碼走勢圖。在「大數法則」一節，我們已經討論過，大數法則並不會使硬幣的正反兩面出現的次數越來越接近，即使連續十次都是正面，我們依然認為第十一次出現正面的機率是 50%，因為每一次拋擲是獨立的；同理，雙色球中 33 個紅球和 16 個藍球被選出的機率也是相同的，不同期的選號過程也是互相獨立進行，所以，研究號碼走勢純

粹是在浪費時間！

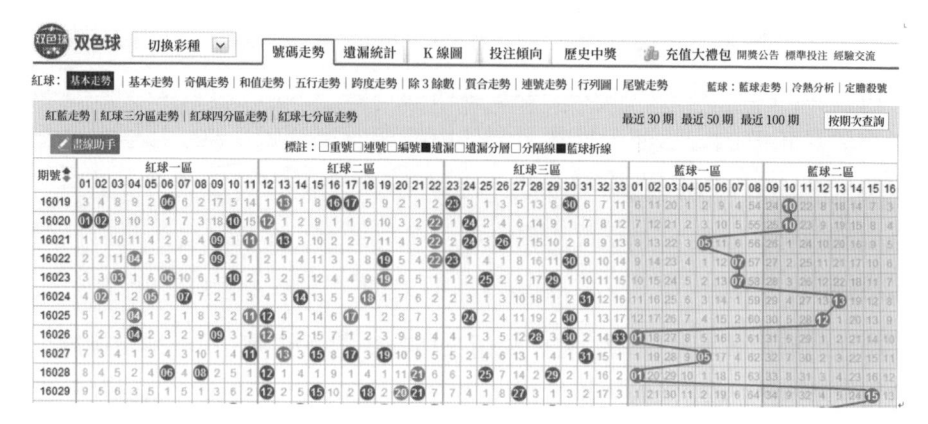

圖 5-3　雙色球號碼走勢圖

「雙色球」小結：

(1) 一等獎中獎機率極低；

(2) 堅持買雙色球不可能賺到錢；

(3) 選號方法對中獎機率沒有任何影響；

(4) 研究號碼走勢沒有意義；

(5) 切記小賭怡情。

5.3　足彩：愛足球，更愛足彩

1998 年法國世界盃讓我愛上了足球，從 C 羅到西發里亞，從西班牙國家德比到英超雙紅會，我一直是歐洲聯賽的忠實觀眾。看球久了，自然喜歡上了猜球——猜勝負、猜比分，猜球終歸不過癮，就開始買足彩。

足球樂透，簡稱足彩，是起源於歐洲的體育類彩種。在歐美地區，足彩由合法註冊的博彩公司負責銷售。中國的足彩起步較晚，於 2001 年 10

月上市，由中國體彩中心負責銷售。從 2001 年至今，足彩的玩法幾經變化，現行的玩法包括 14 場勝負彩、任選 9 場勝負彩、進球彩、半全場等。與數字型樂透相比，足彩包含的元素要豐富得多，賽前有關球隊的打法、狀態、心態、賠率甚至花邊新聞都是玩家們關心的話題，而且一場足球比賽有 90 分鐘，在如此長的「開獎時間」裡，比賽結果隨時可能會變化，補時階段的一個進球，既可能讓你喜中大獎，也可能使你與大獎失之交臂，這就是足彩令人著迷之處。

我曾短暫地沉迷於足彩，還中過兩次小獎，但是我對足彩的認識一直停留在感性層面，在學習了機率統計後，我嘗試著用機率統計的方法分析足彩，接下來，我以 14 場勝負彩為例，與大家分享我的足彩心得。

投注規則

14 場勝負彩的投注規則是：以 14 場比賽的最終結果進行投注，每場比賽的結果分為「勝、平、負」三種，「勝」表示主場球隊取勝，「平」表示兩隊打平，「負」表示主場球隊告負。例如，第 16,069 期勝負彩共競猜 14 場比賽，如圖 5-4 所示，每場比賽挑選一個結果，構成一組投注，每注金額人民幣 2 元。

編號	賽事	比賽時間	主隊 vs 客隊	□勝	□平	□負
1	英超	05-01 21:05	曼聯 vs 萊斯特城	3	1	0
2	英超	05-01 23:30	南安普敦 vs 曼城	3	1	0
3	意甲	05-01 21:00	AC米蘭 vs 弗羅西諾內	3	1	0
4	意甲	05-01 21:00	恩波利 vs 波隆那	3	1	0
5	意甲	05-01 21:00	巴勒摩 vs 桑普多利亞	3	1	0
6	意甲	05-01 21:00	薩索羅 vs 維羅納	3	1	0
7	意甲	05-02 02:45	拉齊奧 vs 國際米蘭	3	1	0
8	西甲	05-01 22:00	皇家西班牙人 vs 塞維利亞	3	1	0
9	西甲	05-02 00:15	拉科魯尼亞 vs 赫塔費	3	1	0
10	西甲	05-02 02:30	瓦倫西亞 vs 比利亞雷阿爾	3	1	0
11	法甲	05-01 23:00	昂熱 vs 馬賽	3	1	0
12	瑞典超	05-01 21:00	法爾肯堡 vs 艾夫斯堡	3	1	0
13	瑞典超	05-01 23:30	哈馬比 vs 松茲瓦爾	3	1	0
14	瑞典超	05-01 23:30	馬爾摩 vs 赫根	3	1	0

圖 5-4　第 16,069 期勝負彩場次

14 場勝負彩設置兩個獎項：

一等獎：猜中全部 14 場比賽的勝平負結果，浮動獎金；

二等獎：猜中其中 13 場比賽的勝平負結果，浮動獎金。

下面，我們來計算 14 場勝負彩的中獎機率。

每場比賽有「勝、平、負」三種結果，因此，假設猜中的機率為 1/3。14 場勝負彩是一個典型的 14 次的白努利定律，每一場比賽就是一次試驗，因此，我們可以應用二項分布來計算中獎機率。

一等獎要求 14 場全部猜中，所以中獎機率為：

$$P(中一等獎) = (1/3)^{14} = 0.000021\%$$

二等獎要求猜中 13 場，所以，中獎機率為：

$$P(中二等獎) = C_{14}^{13} \times (1/3)^{14} \times (2/3) = 0.00059\%$$

計算結果說明，14 場勝負彩的中獎機率非常低，與數字型樂透相似。

5.3 足彩：愛足球，更愛足彩

投注技巧

雖然足彩的中獎機率很低，但相比於完全隨機的數字彩，足彩是可以利用一些技巧來提高中獎機率。

技巧一：學會看賠率

足球賠率分為歐洲賠率和亞洲賠率兩種。

歐洲賠率的一般形式是：

皇馬 VS 拜仁：2.25、3.00、3.25

這是一場歐洲冠軍杯比賽——皇馬主場對陣拜仁的歐洲賠率，其中的三個數字 2.25、3.00 和 3.25 依次表示勝、平、負的賠率，這三個賠率的含義是：

假如你投注 100 元賭皇馬勝，皇馬果真取勝，你會得到 225 元（含本金），否則你輸掉 100 元；

假如你投注 100 元賭兩隊打平，兩隊果真打平，你得到 300 元（含本金），否則你輸掉 100 元；

假如你投注 100 元賭皇馬輸球，皇馬果然輸球，你得到 325 元（含本金），否則你輸掉 100 元。

一般來說，勝、平、負三個結果中，賠率最低的是博彩公司最看好的結果。

亞洲賠率的一般形式是：

皇馬 VS 拜仁：平手 / 半球

仍然是皇馬對陣拜仁的比賽，亞洲賠率給出的賠率是「主隊讓平手或半個球」。在亞洲賠率中，看好主隊則「讓」，看好客隊則「受讓」，在「讓」或「受讓」後邊，會出現「平手 / 半球」、「半球」、「一球」、「一球半」等，表示賠率的大小。例如，「讓一球」表示主隊至少贏客隊一個球，「讓兩球」

121

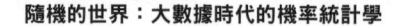

表示主隊至少贏客隊兩個球,「讓兩球」比「讓一球」更能展現出賠率對主隊獲勝的信心。除了讓球,亞洲賠率中還有貼水,用於計算獎金,類似於歐洲賠率中的三個數字,此處不再詳述。此外,投注者一定要注意,各個博彩公司的賠率會隨時變化,直到比賽結束,投注者只需把賠率當作兩隊實力對比的參考指標,不必刻意關注其中的細微變化。

技巧二:學會實力分析

如果我問你:今晚西甲聯賽,皇家馬德里隊主場對陣希洪競技隊,你認為誰會贏?不管懂球還是不懂球,你一定都想,皇馬這麼強,怎麼會不贏?但是,足球場上,一切皆有可能!要真正提高猜中的機率,就要學會對兩支球隊做實力分析,從綜合實力、競技狀態、求勝慾望、歷史交鋒戰績、關鍵球員傷停等諸多方面來分析兩支球隊,然後才能做出更加準確的判斷。比如,2015 到 2016 賽季的英超聯賽中,上賽季冠軍切爾西隊表現糟糕,僅僅排在聯賽中游,賽季初更是一度掉入降級區,而兵工廠隊一如既往地處在聯賽前四名。但當兩隊相遇時,笑到最後的依然是切爾西隊,彷彿是兩支球隊近年來多次交鋒的重演,這就是球風相剋的典型代表。實力分析包含很多方面,對不同的比賽,我們要分清優先級,有時歷史戰績更重要,有時球隊競技狀態更關鍵,其中技巧留作足彩投注者們仔細品味吧。

技巧三:正確理解「冷門」

所謂冷門,就是出人意料的比賽結果,比如,2015 到 2016 賽季的西甲聯賽中,巴塞隆納隊在主場 1:2 負於排名中游的瓦倫西亞隊,這就是個大冷門。回顧足彩的歷史記錄,我們不難發現,冷門似乎常常會發生,這看似不正常的現象其實有合理的解釋。經統計,強弱差距很大的比賽,強隊取勝的機率可達 70%,每一期足彩的 14 場比賽中,往往有 3～5 場這樣的比賽,以 3 場為例,不出現冷門需要三支強隊同時取勝,其機率為:

$$P(三支強隊同時獲勝) = (70\%)^3 = 34.3\%$$

出現一場冷門的機率為:

5.3　足彩：愛足球，更愛足彩

$$P(\text{一支強隊未取勝}) = C_3^1 \times (70\%)^2 \times (30\%) = 44.1$$

出現兩場冷門的機率為：

$$P(\text{兩支強隊未取勝}) = C_3^2 \times (70\%) \times (30\%)^2 = 18.9$$

三場均出現冷門的機率為：

$$P(\text{三支強隊均未取勝}) = (0.3)^3 = 2.7\%$$

對比上面的結果可以發現，出現冷門的機率（65.7%）比不出現冷門的機率（34.3%）要高得多，而且，出現一場冷門的機率最高。所以，14 場比賽中常會出現一場甚至兩場冷門，這正是二項分布的神奇之處！

將上述結論推而廣之，可以得到兩個推論：一是如果強弱分明的比賽有 4 場、5 場甚至更多，冷門不出現的機率會更低；二是在強隊獲勝機率為 70% 的假設下，不論強弱分明的比賽有三 3 場、4 場還是 5 場，出現一場冷門的機率都是最高的。讀者可以驗證一下這兩個推論是否正確。

既然冷門很可能會發生，刻意選擇冷門結果更合理嗎？要回答這個問題，我們首先要知道，足彩的獎金是由中獎的投注平均分配的，同樣是 1,000 萬元的獎金總額，如果有 5 注樂透中獎，則每注獎金 200 萬人民幣；如果有 50 注中獎，則每注獎金 12 萬人民幣。下面我們就來算一算，什麼情況下選擇冷門更合理。

假設買樂透的人正在進行單場比賽競猜，比賽結果分為勝、平、負三種，投注共計 100 注，由於主隊實力遠勝於客隊，其中 90 注選擇勝，5 注選擇平，5 注選擇負，總獎金為 100 元，由猜中者平均分配。在下列兩種假設條件下，計算三種投注的獎金期望值：

條件 1：強隊取勝、打平和告負的機率為 90%、5% 和 5%；

條件 2：強隊取勝、打平和告負的機率為 70%、15% 和 15%。

根據獎金分配規則，勝、平、負三種投注的獎金分別為 100/90、100/5 和 100/5，當條件 1 成立時，三種投注的獎金期望值分別是：

E（投注勝的獎金）= 90% × 100/90 = 1（元）；

E(投注平的獎金) = 5%×100/5 = 1（元）；

E(投注負的獎金) = 5%×100/5 = 1（元）。

當條件 2 成立時，三種投注的獎金期望值分別是：

E(投注勝的獎金) = 70%×100/90 = 0.78（元）；

E(投注平的獎金) = 15%×100/5 = 3（元）；

E(投注負的獎金) = 15%×100/5 = 3（元）。

透過對比兩組計算結果，我們可以發現，當三種結果的投注比例與發生機率不同時，不同投注結果的獎金期望值是不同的，平均意義上講，小機率事件由於獎金更高反而比大機率事件獲得的獎金更多，這就是利用冷門提高獎金期望值的方法。在購買足彩時，我們應當留心那些可能爆冷的比賽，當你認為強隊的獲勝機率被高估了，就應當堅決的選擇冷門結果！

我們嘗試把上面的策略推廣到多場比賽。

假設我們競猜兩場比賽的勝平負結果，投注共計 100 注，總獎金 100 元，投注結果如表 5-2 所示。兩場比賽中強隊取勝、打平和告負的機率分別為 70%、15% 和 15%，此時，哪一種投注方式的獎金期望更高？

表 5-2　兩場比賽的投注結果

投注	數量
勝勝	60
勝平	9
勝負	9
平勝	9
平平	1
平負	1
負勝	9
負平	1
負負	1

這九種投注方式的獎金期望是：

5.3　足彩：愛足球，更愛足彩

E(勝勝) = 70%×70%×100/60 = 0.82（元）；

E(勝平) = 70%×15%×100/9 = 1.17（元）；

E(勝負) = 70%×15%×100/9 = 1.17（元）；

E(平勝) = 70%×15%×100/9 = 1.17（元）；

E(平平) = 15%×15%×100 = 2.25（元）；

E(平負) = 15%×15%×100 = 2.25（元）；

E(負勝) = 70%×15%×100/9 = 1.17（元）；

E(負平) = 15%×15%×100 = 2.25（元）；

E(負負) = 15%×15%×100 = 2.25（元）。

由此可見，平均意義上，投注兩場都出冷門依然是獲利更高的投注方式。雖然計算結果與假設條件密切相關，但不可否認的是，搏冷門並非衝動之舉，是有機率原理支持的。不過，我並不鼓勵投注者全力搏冷門，可以預見的是，如果我們要投注三場比賽，全部選擇冷門結果的獎金期望會低於選擇一場或兩場冷門的投注。所以，搏冷門絕非多多益善。

技巧四：合理進行複式投注

足彩中的複式投注是指，同時選擇一場的多個結果，然後把所有可能結果的組合一起購買。例如，下面兩場比賽：

皇家馬德里 VS 瓦倫西亞

巴塞隆納 VS 馬德里競技

單式投注是類似「勝勝」、「勝平」的投注，複式投注則是類似「勝、勝平」、「勝負、勝平」的投注。當你投注「勝、勝平」時，意味著你購買了兩注單式——「勝勝」和「勝平」，投注「勝負、勝平」則相當於投注了四注單式。

買過足彩的朋友一定會糾結一個問題：如何利用複式投注預防冷門？以上面兩場比賽為例，皇家馬德里和巴塞隆納在主場取勝的機率自然很高，可是我們已經知道了，搏冷門可以提高獎金期望值，那麼，如果允許複式投注，我們應當怎麼做呢？

以皇家馬德里 VS 瓦倫西亞的比賽為例，仍然假設皇家馬德里贏球的機率是 70%，打平和輸球的機率各為 15%，投注總計 100 注，其中 90 注選擇勝，5 注選擇平，5 注選擇負，總獎金依然是 100 元。此時，我們進行複式投注，同時選擇兩個結果，該如何選擇？

選擇兩個結果，有三種可能的組合——「勝平」、「勝負」和「平負」，分別計算三種選擇的獎金期望，可以得到：

E(勝平的獎金) = 70%×100/90 ＋ 15%×100/5 = 3.78（元）；

E(勝負的獎金) = 70%×100/90 ＋ 15%×100/5 = 3.78（元）；

E(平負的獎金) = 15%×100/5 ＋ 15%×100/5 = 6（元）。

計算結果說明，「平負」的獎金期望值最高，對於一場比賽來說，如果某支球隊被高估，那麼放棄熱門結果，全部選擇冷門結果是更合理的。這個結論同樣不能簡單外推至多場比賽，這與前文對冷門的討論類似。

「14 場勝負彩」總結：

(1) 一、二等獎的中獎機率極低；

(2) 博彩公司的賠率可以作為實力對比的參考指標；

(3) 要懂球，會做基本的實力分析；

(4) 可以挑選一場或兩場強弱分明的比賽，用單式或複式投注搏冷門。

5.4 德州撲克：我不是教你詐

在華人世界，逢年過節打麻將、玩撲克牌是每個家庭必備的娛樂項目，我家也不例外。在我還很小的時候，麻將是我的強項，我要贏錢幾乎不需要技巧，因為大人的手氣從來都比不過一個六歲的孩子！也正因為這個，大人漸漸開始不歡迎我，後來，我只好坐在客廳跟堂哥玩撲克牌了。我有兩位堂哥，大哥大我六歲，二哥大我兩歲。大哥會教我們玩很多種撲克牌遊戲，他似乎什麼都會玩。這些撲克牌遊戲雖然需要技巧，但也依靠手氣，所以我依然可以靠手氣贏到錢。唯獨有一個遊戲，我沒法憑手氣贏到錢，這個遊戲叫做「帕斯」。

「帕斯」是我們的口頭叫法，大概是「PASS」的音譯，玩法很簡單。拿來一副撲克牌，抽掉鬼牌，剩下 52 張。幾個人圍坐一圈，每輪每人摸一張牌，一共摸 5 輪，前 2 輪牌面向下，後 3 輪牌面向上，最後，比較 5 張牌的大小，牌最大的玩家算贏。在每輪發牌之後，按照明牌的大小順序依次下注，後一個玩家可以選擇跟注、加倍或棄牌，跟注就是與上家下注同樣的賭金，加倍則表示你要比上家下注的多一倍、兩倍甚至三倍。每當有玩家加倍，其他玩家必須跟注同樣的賭金才能繼續留在賭局中，棄牌則意味著退出遊戲，輸掉此前下注的所有賭金。

「帕斯」最有意思的部分是「詐」，這恰恰是大哥最擅長的，也恰恰是我最不擅長的。所謂「詐」，就是「詐唬」，用加倍來詐唬對手，讓對手棄牌，不戰而勝。大哥是「詐唬」高手，他亦虛亦實的「詐唬」讓我防不勝防，即使我可以憑手氣贏下幾局，也難逃輸錢的結果。長大以後，我方才知道，「帕斯」是一種知名撲克牌遊戲的變種，它就是「德州撲克」。

德克薩斯撲克，簡稱德州撲克，起源於 20 世紀初的美國德克薩斯州羅比斯鎮，傳播至賭城拉斯維加斯後，被廣為傳播。德州撲克是每年世界撲克大賽的主要賽事，在當時美國非常流行；近年來，隨著網路社交遊戲進入我們的生活，德州撲克在亞洲也逐漸流行起來。

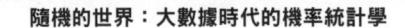

德州撲克與「帕斯」非常相近的一點是「詐」，比「帕斯」更刺激的是，德州撲克是無限下注遊戲，即玩家加倍下注時可以加注任意多的賭金，甚至「梭哈」——下注全部賭金。「詐」固然是一種贏錢的手法，但是僅僅依靠「詐」，你一定贏不到錢，因為「德州高手」能識破你的「詐」！接下來，我們回歸理性，從機率統計的角度解讀德州撲克，助你邁出「德州高手」的第一步！

遊戲規則

德州撲克的規則如下所述。

台面圍坐約 2 到 10 人，使用一副撲克牌，去掉鬼牌，共 52 張牌。每個玩家分兩張牌，作為「底牌」，底牌牌面向下，每個玩家只知道自己的底牌。然後，開始發公共牌，公共牌牌面向上，一共 5 張。在底牌和每張公共牌發完後，都要下注，下注同樣分為跟注、加倍和棄牌，加倍最低要是上一個玩家的兩倍，上不封頂。所有公共牌都發完並且所有下注都完成後，所有玩家攤牌，比較大小。比較的方法是：2 張底牌與 5 張公共牌混合後，所能選出的最「大」的五張牌就是玩家的牌面大小。

德州撲克在比較牌面大小時，首先比較牌型，牌型大的是贏家，表 5-3 列出了德州撲克的牌型大小順序。例如，圖 5-4 是 X、Y、Z 三個玩家的牌局示意圖，X 的牌型是順子（由底牌♥6、♣7 和公共牌♣9、♦8、♦5 組成），Y 的牌型是三條（由底牌♠5、♣5 和公共牌♦5、♠A、♣K 組成），Z 的牌型是一對（由底牌♣A 和公共牌♠A、♣K、♣9、♦8 組成），根據牌型的大小順序，X 比 Y 和 Z 的牌型都更大，X 是贏家。

表 5-3　德州撲克牌型

牌型	範例	注釋
皇家同花順	A♥ K♥ Q♥ J♥ 10♥	最大為 A 的同花順
同花順	♣9 ♣8 ♣7 ♣6 ♣5	花色相同的順子
四條	♠5 ♥5 ♣5 ♦5 ♥8	四張牌點數相同

5.4 德州撲克：我不是教你詐

葫蘆	♥K♣K♠K♠3♦3	三條和一對的組合
同花	♠2♠5♠7♠J♠A	花色相同的五張牌
順子	♠3♣4♥5♦6♠7	點數相連的五張牌
三條	♦7♥7♣7♣Q♠K	三條和兩張散牌
兩對	♥5♠5♥9♦9♠K	兩組一對
一對	♦Q♣Q♥3♦6♠7	一組一對和三張散牌
散牌	♥A♣Q♣J♦9♥5	五張散牌

若牌型相同，則按照牌型從大到小比較點數，例如，「♠3、♣3、♦3、♥A、♠A」和「♠9、♣9、♦9、♥4、♠4」都是葫蘆的牌型，但是由於9點大於3點，所以後者比前者大，「♠A、♥J、♦5、♥4、♣3」和「♦K、♥Q、♦J、♥9、♣8」都是散牌，♠A比♦K大，因此前者大。

下面，我們就從玩家的角度來研究一下德州撲克中的機率原理。

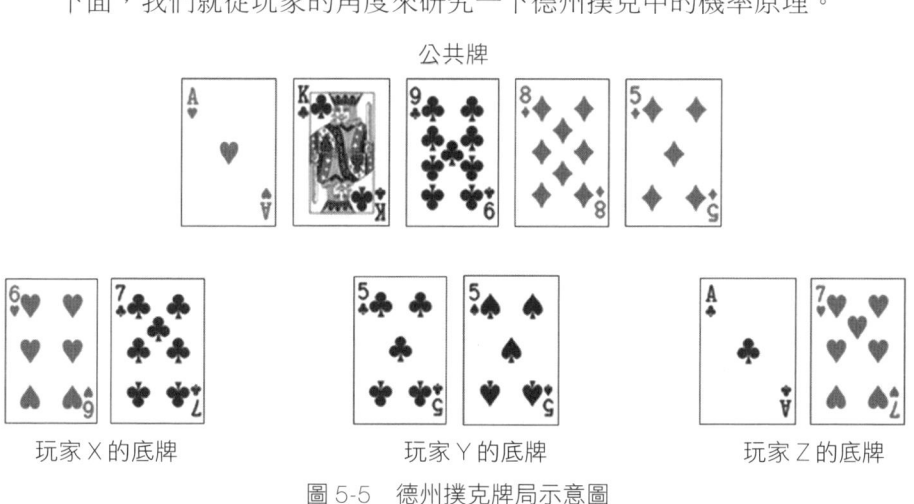

公共牌

玩家X的底牌　　玩家Y的底牌　　玩家Z的底牌

圖5-5　德州撲克牌局示意圖

發牌前

在每一局發牌前，我們對可能出現的結果應該心中有數。公共牌有5張，再算上玩家手中的底牌，一共是7張，因此，我們需要計算出兩張機率表：一是5張牌出現各種牌型的機率，如表5-4所示；二是7張牌出現各種牌型的機率，如表5-5所示。其計算過程涉及排列組合的知識，表5-4中

129

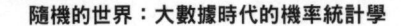

給出了計算公式,供讀者參考。

表 5-4　5 張牌出現各種牌型的機率

牌型	出現機率（%）	計算公式
皇家同花順	0.00015	$P_1 = 4/C_{32}^5$
同花順	0.0014	$P_2 = 4 \times 9 C_{32}^5$
四條	0.024	$P_3 = 13 \times C_{48}^1 / C_{32}^5$
葫蘆	0.14	$P_4 = 13 \times C_4^3 \times 12 \times C_4^2 / C_{32}^5$
同花	0.20	$P_5 = (4 \times C_{13}^5 - 4 \times 10)/C_{32}^5$
順子	0.39	$P_6 = (4^5 - 4)/C_{32}^5$
三條	2.11	$P_7 = 13 \times C_4^3 \times C_{12}^2 \times C_4^1 \times C_4^1 / C_{32}^5$
兩對	4.75	$P_8 = 4/C_{13}^2 \cdot C_4^2 \cdot C_4^2 \cdot C_{44}^1 / C_{32}^5$
一對	42.26	$P_9 = 13 \times C_4^2 \times C_{12}^3 \times C_4^1 \times C_4^1 \times C_4^1 / C_{32}^5$
散牌	50.12	$P_{10} = 1 - P_1 - P_2 - P_3 - P_4 - P_5 - P_6 - P_7 - P_8 - P_9$

表 5-5　7 張牌出現各種牌型的機率

牌型	出現機率（%）
皇家同花順	0.0032
同花順	0.028
四條	0.17
葫蘆	2.60
同花	3.03
順子	4.62
三條	4.83
兩對	23.50
一對	43.82
散牌	17.41

觀察表 5-4 可以發現,5 張牌出現皇家同花順、同花順和四條的機率非常低,出現葫蘆、同花和順子的機率也比較低,出現三條和兩對的機率略高一點,最可能出現的是一對和散牌。這樣的機率分布可以幫助我們粗略的判斷公共牌可能出現哪些情況。

觀察表 5-5 可以發現,7 張牌出現皇家同花順、同花順和四條的機率依

5.4 德州撲克：我不是教你詐

然非常低，出現葫蘆、同花、順子和三條的機率稍高，最可能出現的三種牌型依次是散牌、兩對和一對。7 張牌與 5 張牌的機率分布出現了明顯的不同，葫蘆、同花和順子出現的機率小幅提高了，兩對出現的機率大幅度提高，此外，散牌和對子出現的機率降低了。

在不考慮其他條件的情況下，我們可以利用上述的兩個機率分布表預知兩件事：

(1) 公共牌很可能會出現散牌或一對；
(2) 每個玩家最後的牌型很可能是散牌、兩對或一對。

底牌

每個人的底牌有兩張，這兩張牌是你的「祕密武器」，特別關鍵。在德州撲克的牌局中，有些作風保守的人，拿到諸如「梅花 8，方塊 2」這樣的底牌時，會直接棄牌，有些人則不論底牌怎麼差也不棄牌，底牌到底有多重要？我們來算一算。

從玩家的角度來看，他只能看到自己的底牌，因此，這相當於從五十二張牌中挑選兩張牌，這兩張牌可能出現的牌型和對應的機率如表 5-6 所示。這張表告訴我們，底牌摸到一對的機率僅有 5.88%，所以絕大多數時候底牌都不是對子；至少摸到一張 A 的機率高達 14.9%，我相信比大多數人預想的高得多；至少一張牌不小於 J 的機率高達 52.49%，因此如果你摸到的底牌全都比 10 小且不是對子，那麼你的手牌很可能不是牌局中最大的，換言之，除非公共牌對你很有利，否則你應該謹慎下注。

表 5-6　底牌的牌型和出現機率

牌型	出現機率（%）
一對	5.88
非一對	94.12
特定數字的一對 （例如♠K♦K、♥5♣5）	0.45

某個非對子牌型 （例如♠K♦9、♥5♣4）	1.20
至少一張 A （例如♠A♦9、♥A♣A）	14.9
至少一張不小於 K （例如♠K♦9、♥A♣5）	28.66
至少一張不小於 Q （例如♠K♦9、♥Q♣5）	41.18
至少一張不小於 J （例如♠J♦6、♥Q♣2）	52.49

公共牌

在拿到底牌後，每個玩家都對公共牌充滿期待。可是，你知道你期待的牌出現的機率是多少嗎？

比如，玩家的底牌是「黑桃8，紅心8」，這牌還算不錯，但玩家還希望公共牌中再出現至少一個8，這樣一來獲勝的機率會高很多。要精確計算「公共牌中至少出現一個8」的機率很困難，因為我們站在玩家的視角，無法看到其他玩家的底牌，所以我們只能估算：

$$P(公共牌中至少出現一個8) = (C_{50}^5 - C_{48}^5)/C_{50}^5 = 19.2\%$$

這說明，在公共牌沒有發出之前，公共牌中至少出現一個8的機率有19%，這個機率並不算低。

又如，玩家的底牌是「黑桃8，紅心7」，已經發出的4張公共牌是「紅心K，黑桃5，方塊9，梅花Q」，玩家唯一的希望就是最後一張公共牌是6，這樣就會形成順子。我們估算一下最後一張牌出現6的機率：

$$P(最後一張公共牌出現6) = 4/46 = 8.70\%$$

多麼讓人沮喪的結果，但這就是現實——不要對某一張牌抱太大的希望。

上面的計算還有一種簡便方法：牌堆中還有4張6，我們把4乘以2，再加1，得到9，因此，6出現的機率大約是9%，與8.70%的計算結果很

接近。這個簡便算法的原理很簡單，由於撲克牌的數量大約為 50 張，因此，你想要的那張牌在牌堆中的數量乘以 2，便得到了那張牌出現的機率，再加 1 是對這一機率進行的修正，因為牌堆大多數時候都不足 50 張。這個簡便算法可以幫助我們快速估算我們期待的牌在下一張出現的機率。

攤牌

當 5 張公共牌都發出後，牌局就進入了最刺激的末輪下注。此時，玩家需要估算自己取勝的機率，以決定如何下注。既然公共牌最可能出現的牌型是散牌，我們就以散牌為例，來計算玩家取勝的機率。

如圖 5-6 所示，5 張公共牌是「♥K，♠J，♠8，♠7，♦3」，玩家的底牌是「♥8，♣A」，這時，玩家首先要想到，其他玩家可能的牌型有黑桃同花順、黑桃同花、順子、三條、兩對、一對和散牌，然後玩家需要一一估算出這些牌型出現的機率。

要出現黑桃同花順，需要底牌是♠9 和♠10，因此：

$$P(\text{黑桃同花順}) = 1/C_{45}^2 = 0.10\%$$

要出現黑桃同花，需要底牌是兩張黑桃牌，因此：

$$P(\text{黑桃同花}) = (C_{10}^2 - 1)/C_{45}^2 = 4.44\%$$

要出現順子，需要底牌是 9 和 10，因此：

$$P(\text{順子}) = (C_4^1 \times C_4^1 - 1)/C_{45}^2 = 1.52\%$$

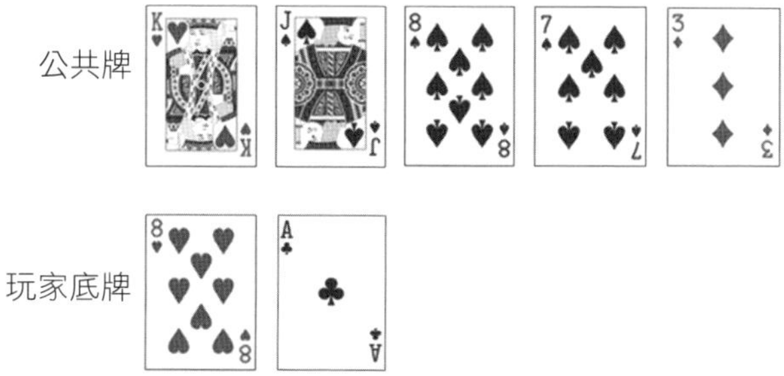

公共牌

玩家底牌

圖 5-6　牌局示例

要出現三條，需要底牌是 K、J、8、7 或 3 的對子，因此：

$$P(三條) = (C_3^2 + C_3^2 + C_2^2 + C_3^2 + C_3^2)/C_{45}^2 = 1.31\%$$

要出現兩對，需要底牌是 K、J、8、7、3 中的任意兩個，因此：

$$P(兩對) = (C_5^2 \cdot C_3^2 \cdot C_3^2 - C_4^1 \cdot C_3^1)/C_{45}^2 = 7.88\%$$

要出現一對，需要底牌中的一張是 K、J、8、7、3 中的一個，另一個不是，因此：

$$P(一對) = C_{14}^1 \cdot C_{31}^1/C_{45}^2 = 43.8\%$$

出現散牌的機率是：

$$P(散牌) = 1 - P(黑桃同花順) - P(黑桃同花) - P(順子) - P(三條) - P(兩對) - P(一對)$$
$$= 40.9\%$$

　　上面的估算結果說明，其他玩家最可能的牌型是一對和散牌，其次可能的牌型是兩對和黑桃同花，其他牌型出現的機率非常低。本例與表 5-5 不同之處是，黑桃同花出現的機率高於順子和三條，這說明，玩家要根據公共牌的情況重新估算各種牌型出現的機率，不能生搬硬套表 5-5 中的機率分布。

　　最後，玩家還需要知道最重要的一件事是，他贏得牌局的機率有多大？

　　玩家有一對 8，很明顯，黑桃同花順、黑桃同花、順子、三條和兩對都比玩家的牌型大，散牌則比玩家的牌型小，玩家需要更詳細的估算一對出現的機率：

$$P(一對 K) = C_3^1 \cdot C_{31}^1/C_{45}^2 = 9.40\%$$

$$P(一對 J) = C_3^1 \cdot C_{31}^1/C_{45}^2 = 9.40\%$$

$$P(一對 8) = C_2^1 \cdot C_{31}^1/C_{45}^2 = 6.26\%$$

$$P(一對 7) = C_3^1 \cdot C_{31}^1/C_{45}^2 = 9.40\%$$

$$P(一對 3) = C_3^1 \cdot C_{31}^1 / C_{45}^2 = 9.40\%$$

當其他玩家也有一對 8 的牌型時,由於玩家的另一張底牌是 A,所以玩家一定不會輸,我們把這種情況也視為玩家贏,由此可以估算出玩家贏的機率:

P(玩家贏) = P(一對 8) + P(一對 7) + P(一對 3) + P(散牌) = 65.96%

可見,雖然一對 8 並不算是大牌,但足以讓玩家贏的機率達到 65.96%,這真是一個贏的好機會!

德州撲克總結:

(1) 皇家同花順、同花順和四條很難出現;

(2) 公共牌很可能會出現散牌或一對;

(3) 每個玩家最後的牌型很可能是一對、兩對或散牌;

(4) 散牌贏的機率一般低於 50%;

(5) 不同的公共牌會有不同的機率分布,要具體問題具體分析。

提醒讀者:上面的所有機率計算都是玩家的估算,只能作為下注的參考,要成為真正的德州高手,只有一個辦法——現在就玩一局吧!

5.5　21 點:保守未必是壞事

「21 點」也是賭場裡十分流行的撲克遊戲,雖然與大轉盤、老虎機一樣是與莊家對決,但是「21 點」和那些注定輸錢的遊戲有本質的不同——玩家可以自由選擇策略,但莊家不能。在這個看似有利的規則下,玩家有可能從莊家手中贏到錢嗎?這一節,我們就從機率統計的角度算一算「21 點」玩家贏錢的機率。

遊戲規則

「21 點」的遊戲規則如下所述。

發牌者一張接一張的給玩家發牌，玩家每得到一張牌，就要計算一下手上所有牌的點數之和，然後選擇繼續發牌或者停止發牌。在玩家選擇停止發牌後，發牌者給莊家發牌，直到莊家喊停為止。最後，雙方攤牌比較大小。如果雙方的總點數都不大於 21 點，則點數大的一方獲勝，點數相同算打平；手牌的總點數超過 21 點，稱為「爆點」，如果玩家爆點，則直接輸掉賭局，無須給莊家發牌，如果玩家沒爆點，莊家爆點，則玩家贏得賭局。此外，有一種特殊牌型是一張 A 和一張 10，稱為「黑傑克」，如果玩家的牌是「黑傑克」而莊家不是，玩家贏得 1.5 倍賭金；反之，莊家贏得 1.5 倍賭金，如果雙方都是「黑傑克」，算打平。

「21 點」最重要的規則是停牌規則，玩家有權在拿到任何一張牌後停牌，但是莊家在總點數達到 17 點或 17 點以上時，必須停牌。

點數大小的計算規則是，A 是 1 點或 11 點（黑傑克牌型），K、Q、J、10 均計 10 點，其餘的牌按照牌面數字計點數。這裡需要說明的是，為了保證公平，「21 點」一般會使用 6 副甚至更多副牌，這樣可以保證雙方每一輪得到不同點數牌的機率幾乎相同。根據點數計算規則，在不考慮黑傑克牌型的前提下，雙方每一輪拿到 1～9 點中某一個點數的機率是 1/13，拿到 10 點的機率是 4/13。

規則告訴我們，玩家如果爆點會直接輸掉賭局，因此玩家需要理性看待爆點。根據各點數出現的機率，可以計算出下一張牌爆點的機率，如表 5-7 所示。從手牌總點數 12 點開始，爆點的機率逐漸上升，點數為 12 時，爆點機率為 30.8%；點數達到 15 時，爆點機率超過 50%；點數達到 17 時，爆點機率達到約 70%。17 點是莊家給自己設置的強制停牌點數，從表 5-7 可以看出，莊家給自己留出了約 30% 的容錯空間。那麼，玩家應該選擇怎樣的策略呢？

5.5 21 點：保守未必是壞事

表 5-7 爆點機率

手排總點數	下一輪可能導致爆點的牌	下一輪導致爆點的機率（%）
1～11	無	0
12	10, J, Q, K	30.8
13	9, 10, J, Q, K	38.5
14	8, 9, 10, J, Q, K	46.2
15	7, 8, 9, 10, J, Q, K	53.9
16	6, 7, 8, 9, 10, J, Q, K	61.6
17	5, 6, 7, 8, 9, 10, J, Q, K	69.3
18	4, 5, 6, 7, 8, 9, 10, J, Q, K	77.0
19	3, 4, 5, 6, 7, 8, 9, 10, J, Q, K	84.7
20	2, 3, 4, 5, 6, 7, 8, 9, 10, J, Q, K	92.4
21	所有牌	100

三種策略

「21 點」的停牌規則給了玩家很大的自由度，玩家可以自由安排策略，這便是「21 點」考驗玩家智慧的地方。玩家既可以比莊家更保守，也可以比莊家更激進，還可以「以牙還牙」，採用和莊家相同的策略。三種具有代表性的策略如下所述。

(1) 保守策略。玩家在手牌點數大於 11 點時選擇停止發牌，保證絕不會爆點。

(2) 對等策略。玩家在手牌點數大於或等於 17 點時選擇停止發牌，與莊家採用同樣的策略。

(3) 激進策略。玩家在手牌點數大於 20 點時選擇停止發牌，不得到 21 點誓不罷休。

我借助一點程式技巧完成了三種策略的機率計算，得到表 5-8。

表 5-8　三種策略的點數機率分布

點數	機率		
	保守策略（%）	對等策略（%）	激進策略（%）
12	12.10	—	—
13	11.61	—	—
14	11.08	—	—
15	10.52	—	—
16	9.90	—	—
17	9.24	14.23	—
18	8.53	13.52	—
19	7.77	12.76	—
20	12.27	17.26	—
21	2.24	7.22	12.18
黑傑克	4.73	4.73	4.73
爆點	0.00	30.28	83.09

利用表中的機率分布可以進一步計算出三種策略不同點數的贏、平、輸條件機率，如表 5-9 到表 5-11 所示。

表 5-9　保守策略的贏平輸機率分布

點數	機率		
	保守策略（%）	對等策略（%）	激進策略（%）
12	30.28	0.00	69.72
13	30.28	0.00	69.72
14	30.28	0.00	69.72
15	30.28	0.00	69.72
16	30.28	0.00	69.72
17	30.28	14.23	55.49
18	44.51	13.52	41.97
19	58.03	12.76	29.21
20	70.79	17.26	11.95
21	88.05	7.22	4.73
黑傑克	95.27	4.73	0.00
爆點	0.00	0.00	100.0

5.5　21點：保守未必是壞事

表 5-10　對等策略的贏平輸機率分布

點數	機率		
	保守策略（%）	對等策略（%）	激進策略（%）
17	30.28	14.23	55.49
18	44.51	13.52	41.97
19	58.03	12.76	29.21
20	70.79	17.26	11.95
21	88.05	7.22	4.73
黑傑克	95.27	4.73	0.00
爆點	0.00	0.00	100

表 5-11　激進策略的贏平輸機率分布

點數	機率		
	保守策略（%）	對等策略（%）	激進策略（%）
21	88.05	7.22	4.73
黑傑克	95.27	4.73	0.00
爆點	0.00	0.00	100.0

借助表 5-9 到表 5-11 的機率分布，可以計算出三種策略的贏平輸機率，如表 5-12 所示。表 5-12 中數據顯示，保守策略和對等策略都有較高的勝率，輸的機率都接近 50%，但激進策略的表現則很糟糕，輸的機率高達 83%。因此，要想在「21 點」中爭取更多勝利，寧可保守也不可冒進。

表 5-12　三種策略的贏平輸機率

	贏的機率（%）	平的機率（%）	輸的機率（%）
保守策略	42.99	5.96	51.05
對等策略	40.81	9.21	49.98
激進策略	15.23	1.10	83.67

只計算輸贏的機率還不夠，收益的期望值才能真正反映策略的優劣。假設玩家和莊家的賭金都是 100 元，黑傑克出現時會贏得 150 元的賭金，由此得到三種策略的收益期望分別是：

E(保守策略的收益)= -8.06（元）

E(對等策略的收益)= -8.45（元）

E(激進策略的收益)= -66.47（元）

　　保守策略的收益期望值依然是最高的，其次是對等策略，激進策略依然是最糟糕的選擇，無論三者孰高孰低，三種策略的收益期望都是負數，根據大數法則，連續不斷地玩下去，玩家一定會輸錢，不同的策略只是影響輸錢的快慢和多少罷了。

　　此外，有一個問題不知讀者有沒有想過：既然玩家採取了和莊家一樣的對等策略，為什麼收益期望值還是負數呢？難道雙方不應該打平嗎？答案是「爆點」的規則打破了玩家和莊家的平衡，當玩家爆點時，會直接輸掉賭金，如此一來，莊家就沒有機會「爆點」了，收益的天平就向莊家傾斜了。

　　最後，我們可以用一句話總結「21 點」：保守一些總不會錯！

第六章
假設檢定

導語：主場作戰意味著熟悉的更衣室、熟悉的地板、熟悉的籃筐和球迷山呼海嘯的助威，所以主場作戰的球隊總是會獲勝。體育世界中所謂的「主場優勢」，是媒體的造勢還是確有其事？假設檢定為你揭開謎底。

6.1 主場優勢：規律還是假象？

「利物浦隊坐鎮安菲爾德球場三球大勝來訪的曼聯隊！」

「比賽結束了！勇士隊在自己的主場輸給了凱爾特人隊，終結了主場54連勝的紀錄！」

主場是體育迷最熟悉的一個詞，主場作戰意味著熟悉的更衣室、熟悉的地板、熟悉的籃筐，進球時可以接受全場球迷的喝彩，落後時會聽到山呼海嘯的加油！每場比賽前，主場作戰的球隊都會受到媒體和球迷的偏愛，只因為每個人都知道，主場作戰的球隊握有獨一無二的武器——主場優勢。

主場優勢是體育世界裡的一個自然形成的「規律」，雖然主場球隊和客場球隊在同樣的天氣下、同樣的場地上比賽，但是主場球隊似乎總是表現得更好。主場優勢到底是媒體的造勢還是確有其事？我們從球迷們最熟悉的兩項賽事說起。

NBA 的主場優勢

北美職業籃球聯盟（National Basketball Association, NBA）代表了籃球運動的最高水準，新賽季從每年的 10 月持續至次年 6 月，聯盟的 30 支球隊分東西兩個半區進行比賽。比賽分為循環賽和淘汰賽兩個階段，循環賽稱為常規賽，每支球隊都要打滿 82 場常規賽。接下來，東西半區排名前 8 名的球隊進入 7 場 4 勝的淘汰賽——季後賽。季後賽的競爭總是異常激烈，強悍的身體互相對抗、地板球爭搶甚至粗暴的犯規，火藥味十足。主場優勢在季後賽中也得以彰顯，主隊的每一個進球、每一次成功防守都會引發全場球迷的喝彩，客隊球員每一次罰球都會有球迷肆無忌憚的干擾。在這樣的氛圍下，客隊很難帶走一場勝利。

我們用數據說話。2014～2015 賽季的 NBA 常規賽一共進行了 1,230 場比賽，主隊取勝 707 場，勝率 57.5%；2014 到 2015 賽季的季後賽，一共進行了 81 場比賽，主隊取勝 48 場，勝率達到 59.3%。表 6-1 是 2014～2015 賽季 NBA 常規賽部分賽果，表 6-2 是 2014～2015 賽季 NBA 季後賽部分賽果，數據來自美國體育數據網站 Sports Reference。

表 6-1　2014 到 2015 賽季 NBA 常規賽部分賽果

場次	客隊	客隊得分（分）	主隊	主隊得分（分）	主隊賽結果
1	休士頓火箭	108	洛杉磯湖人	90	負
2	奧蘭多魔術	84	新奧爾良鵜鶘	101	勝
3	達拉斯小牛	100	聖安東尼奧馬刺	101	勝
4	布魯克林籃網	105	波士頓賽爾提克	121	勝
5	密爾瓦基公鹿	106	夏洛特黃蜂	108	勝
6	底特律活塞	79	丹佛金塊	89	勝
7	費城 76 人	91	印第安納溜馬	103	勝
8	明尼蘇達灰狼	101	曼非斯灰熊	105	勝
9	華盛頓巫師	95	邁阿密熱火	107	勝
10	芝加哥公牛	104	紐約尼克	80	負

表 6-2　2014 到 2015 賽季 NBA 季後賽部分賽果

場次	客隊	客隊得分（分）	主隊	主隊得分（分）	主隊賽結果
1	密爾瓦基公鹿	91	芝加哥公牛	103	勝
2	新奧爾良鵜鶘	99	金州勇士	106	勝
3	達拉斯小牛	108	休士頓火箭	118	勝
4	華盛頓巫師	93	多倫多暴龍	86	負
5	布魯克林籃網	92	亞特蘭大老鷹	99	勝
6	波士頓賽爾提克	100	克里夫蘭騎士	113	勝
7	聖安東尼奧馬刺	92	洛杉磯快艇	107	勝
8	波特蘭拓荒者	86	曼非斯灰熊	100	勝
9	密爾瓦基公鹿	82	芝加哥公牛	91	勝
10	新奧爾良鵜鶘	87	金州勇士	97	勝

這些數據似乎從統計意義上說明了，主隊的確更容易獲勝；可是，我們依然可以找到反例。比如 2014～2015 賽季的總決賽，勇士隊和騎士隊一共進行了 6 場比賽，主隊和客隊各取勝 3 場。又如，2013～2014 賽季的總決賽，馬刺隊和熱火隊一共進行了 5 場比賽，主隊只取勝 2 場，客隊卻取勝了 3 場。這些反例在提醒我們，主場優勢並非時刻都會顯現，經驗老到的馬刺隊和三分無解的勇士隊都曾反客為主，逆勢取勝。

世界盃的主場優勢

2014 年 6 月 12 日，第 20 屆世界盃在熱辣的森巴舞曲中拉開大幕。「森巴軍團」巴西隊坐鎮主場，氣勢如虹，「潘帕斯雄鷹」阿根廷隊同為南美老鄉，也算擁有半個主場，再加上隊中有梅西、阿奎羅等一流攻擊手，也志在奪冠。兩支主場作戰的球隊不負眾望，一起殺進了半決賽。

半決賽第一場，巴西隊遇上德國隊。比賽進行了不到 30 分鐘，場邊的數萬巴西球迷便已心碎，比賽儼然成為德國隊的進攻表演；90 分鐘過後，記分板上赫然顯示著 7:1，巴西隊在家鄉父老面前刷新了一個恥辱的記錄——世界盃半決賽的最大分差。半決賽第二場，阿根廷隊迎戰老對手荷蘭隊，雙方鏖戰到延長賽時依然難分高下，點球大戰中，阿根廷門將羅梅

6.1 主場優勢：規律還是假象？

羅射出了荷蘭隊的兩顆點球，力助阿根廷隊挺進決賽。

決賽前，全球媒體對比賽結果做出了很多預測，論實力，德國隊略勝一籌，但在一場定勝負的決賽中，以弱勝強的案例數不勝數，而且有一項統計數據給德國隊奪冠蒙上了陰影——美洲舉辦的世界盃上，奪冠的都是美洲球隊。

翻開世界盃的史冊，在 2014 年巴西世界盃之前，共有 7 屆世界盃賽在美洲國家舉辦，最終捧杯的都是美洲球隊，而且其中有 5 次是美洲球隊戰勝歐洲球隊奪冠。更不利於德國隊的是，半決賽上對巴西隊的差辱「激怒」了巴西，甚至全南美洲的球迷，他們紛紛穿上阿根廷的球衣，把決賽場地徹底變成了阿根廷隊的主場。決賽的過程也正如媒體所料，阿根廷隊並未落入下風，梅西甚至獲得過終結比賽的機會。然而，阿根廷隊在延長賽中的一次防守鬆懈，徹底葬送了比賽，他們以一球惜敗，飲恨決賽。也許，只有高傲頑強的日耳曼戰車才能碾碎「美洲無冠」的魔咒！

表 6-3　歷屆世界盃冠軍

屆數	舉辦年份	舉辦國	冠軍	決賽比分
第一屆	1930	烏拉圭	烏拉圭隊	烏拉圭 4:2 阿根廷
第二屆	1934	義大利	義大利隊	義大利 2:1 捷克斯洛伐克
第三屆	1938	法國	義大利隊	義大利 4:2 匈牙利
第四屆	1950	巴西	烏拉圭隊	烏拉圭 2:1 巴西
第五屆	1954	瑞士	西德隊	西德 3:2 匈牙利
第六屆	1958	瑞典	巴西隊	巴西 5:2 瑞典
第七屆	1962	智利	巴西隊	巴西 3:1 捷克斯洛伐克
第八屆	1966	英格蘭	英格蘭隊	英格蘭 4:2 西德
第九屆	1970	墨西哥	巴西隊	巴西 4:1 義大利
第十屆	1974	西德	西德隊	西德 2:1 荷蘭
第十一屆	1978	阿根廷	阿根廷隊	阿根廷 3:1 荷蘭
第十二屆	1982	西班牙	義大利隊	義大利 3:1 西德
第十三屆	1986	墨西哥	阿根廷隊	阿根廷 3:2 西德
第十四屆	1990	義大利	西德隊	西德 1:0 阿根廷
第十五屆	1994	美國	巴西隊	巴西 4:3 義大利（點球）
第十六屆	1998	法國	法國隊	法國 3:0 巴西

第十七屆	2002	韓國、日本	巴西隊	巴西 2:0 德國
第十八屆	2006	德國	義大利隊	義大利 5:3 法國（點球）
第十九屆	2010	南非	西班牙隊	西班牙 1:0 荷蘭
第二十屆	2014	巴西	德國隊	德國 1:0 阿根廷

不論是 NBA 還是世界盃，不論是籃球還是足球，主場優勢總會成為大家熱議的話題，很多統計數據都可以說明主場優勢的存在，也有很多球隊能夠逆勢取勝，我們到底應該怎樣看待主場優勢呢？接下來，我們就用「假設檢定」來回答這個問題。

6.2 假設檢定：主場真的有優勢嗎？

假設檢定是統計推斷的一種常用方法，簡言之就是「先假設、再檢驗」。例如，在龐加萊與麵包的故事中（參見「正態分布」一節），龐加萊知道麵包的重量服從正態分布，但是不知道正態分布的參數，這時，龐加萊假設麵包重量的平均數為某個常數，利用記錄的稱重數據驗證假設是否成立。

下面，我們就用假設檢定的方法來驗證主場優勢是否真的存在。

定義主場優勢

要驗證主場是否有優勢，首先要從機率統計的角度來定義主場優勢。在一個 NBA 賽季中，每支球隊會進行 82 場常規賽，主客場各 41 場，在常規賽結束時會得到一張戰績表，表 6-4 是 2014 到 2015 賽季 NBA 常規賽戰績表，表中列出了 30 支球隊的總戰績和主客場戰績。為了用一個數字表現出各支球隊的戰績優劣，NBA 聯盟會計算出各支球隊的勝率——勝場數／總場次。表 6-4 中列出了 30 支球隊的總勝率和主客場勝率。所謂主場優勢，是指一支球隊的主場表現優於客場表現，因此，我們用勝率差——主

6.2 假設檢定：主場真的有優勢嗎？

場勝率和客場勝率的差值——來度量一支球隊主客場表現的差距。

表 6-4 列出了 30 支球隊的勝率差。我們觀察到，只有籃網隊的勝率差是 0，其餘球隊的勝率差都大於 0，開拓者隊的勝率差更是超過了 30%。單憑觀察，我們幾乎可以斷定主場優勢是普遍存在的，但是這還不夠，要從機率統計的角度證明主場優勢存在，就需要使用假設檢定。

表 6-4 2014 到 2015 賽季 NBA 常規賽戰績表

	排名	球隊	總戰績	主場戰績	客場戰績	總勝率（%）	主場勝率（%）	客場勝率（%）	勝率差（%）
東部賽區排名	1	老鷹	60 勝 22 負	35 勝 6 負	25 勝 16 負	73.22	85.37	60.98	24.39
	2	騎士	53 勝 29 負	31 勝 10 負	22 勝 19 負	64.60	75.61	53.66	21.95
	3	公牛	50 勝 32 負	27 勝 14 負	23 勝 18 負	61.00	65.85	56.10	9.76
	4	暴龍	49 勝 33 負	27 勝 14 負	22 勝 19 負	59.80	65.85	53.66	12.20
	5	巫師	46 勝 36 負	29 勝 12 負	17 勝 24 負	56.10	70.73	41.46	29.27
	6	公鹿	41 勝 41 負	23 勝 18 負	18 勝 23 負	50.00	56.10	43.90	12.20
	7	賽爾提克	40 勝 42 負	21 勝 20 負	19 勝 22 負	48.80	51.22	46.34	4.88
	8	籃網	38 勝 44 負	19 勝 22 負	19 勝 22 負	46.30	46.34	46.34	0.00
	9	溜馬	38 勝 44 負	23 勝 18 負	15 勝 26 負	46.30	56.10	36.59	19.51
	10	熱火	37 勝 45 負	20 勝 21 負	17 勝 24 負	45.10	48.78	41.46	7.32
	11	黃蜂	33 勝 49 負	19 勝 22 負	14 勝 27 負	40.20	46.34	34.15	12.20
	12	活塞	32 勝 50 負	18 勝 23 負	14 勝 27 負	39.00	43.90	34.15	9.76
	13	魔術	25 勝 57 負	13 勝 28 負	12 勝 29 負	30.50	31.71	29.27	2.44
	14	76 人	18 勝 64 負	12 勝 29 負	6 勝 35 負	22.00	29.27	14.63	14.63
	15	尼克	17 勝 65 負	10 勝 31 負	7 勝 34 負	20.70	31.71	17.07	14.63
西部賽區排名	1	勇士	67 勝 15 負	39 勝 2 負	28 勝 13 負	81.70	95.12	68.29	26.83
	2	火箭	56 勝 26 負	30 勝 11 負	26 勝 15 負	68.30	73.17	63.41	9.76
	3	快艇	56 勝 26 負	30 勝 11 負	26 勝 15 負	38.30	73.17	63.41	9.76
	4	拓荒者	51 勝 31 負	32 勝 9 負	19 勝 22 負	62.20	78.05	46.34	31.71
	5	灰熊	55 勝 27 負	31 勝 10 負	24 勝 17 負	67.10	75.61	58.54	17.07
	6	馬刺	55 勝 27 負	31 勝 8 負	22 勝 19 負	67.10	80.49	53.66	26.83
	7	小牛	50 勝 32 負	27 勝 14 負	23 勝 18 負	61.00	65.85	56.10	9.76
	8	鵜鶘	45 勝 37 負	28 勝 13 負	17 勝 24 負	54.90	68.29	41.46	26.83
	9	雷霆	39 勝 43 負	29 勝 12 負	16 勝 25 負	54.90	70.73	39.02	31.71
	10	太陽	39 勝 43 負	22 勝 19 負	17 勝 24 負	47.60	53.66	41.46	12.20

11	爵士	38 勝 44 負	21 勝 20 負	11 勝 30 負	46.30	51.22	41.46	9.76
12	金塊	55 勝 27 負	19 勝 22 負	11 勝 30 負	36.60	46.34	26.83	19.51
13	國王	55 勝 27 負	18 勝 23 負	11 勝 30 負	35.40	43.90	26.83	17.07
14	湖人	55 勝 27 負	12 勝 29 負	9 勝 32 負	25.60	29.27	21.95	7.32
15	灰狼	55 勝 27 負	9 勝 32 負	7 勝 34 負	19.50	21.95	17.07	4.88

雙邊 Z 檢驗

雙邊 Z 檢驗是假設檢定中的一種檢驗方法，我們首先學習雙邊 Z 檢驗的原理，再利用雙邊 Z 檢驗來驗證主場優勢。

假定主客場勝率差 X 服從正態分布 $N(\mu, \sigma_0^2)$，σ_0 是已知的常數，μ 是未知參數。構造如下的兩個對立的假設：

原假設 $H_0: \mu = \mu_0$

備擇假設 $H_1: \mu \neq \mu_0$

原假設 H_0 表示勝率差的平均數是 μ_0，備擇假設 H_1 表示勝率差的平均數不是 μ_0。假設檢定的思路是，假設 H_0 成立，並由 H_0 得到的若干推論，如果這些推論與已知條件矛盾，說明 H_0 不成立，反之 H_0 成立。

在 H_0 成立的前提下，勝率差 X 服從平均數為 μ_0，標準差為 σ_0 的正態分布，即 $X \sim N(\mu, \sigma_0^2)$。我們知道，在採樣數量足夠（一般不少於 30 個）的前提下，採樣數據的平均數 $\overline{X}$ 應該是隨機變量 X 的平均數 μ 的無偏估計，即，$\overline{X}$ 應該能夠反映 μ 的大小。因此，$\overline{X}$ 與 μ 的偏差 $|\overline{X}-\mu|$ 應該不會太大。在機率統計中，「應該不會」意味著發生的機率很小，這個「小機率」在假設檢定中稱為顯著水準，記為 α，一般取值為 0.05 或 0.01，即，當 H_0 成立時，$|\overline{X}-\mu|$ 非常大的機率不超過 α。

由 $X \sim N(\mu, \sigma^2)$ 可知，$Z=(X-\mu_0)/(\sigma/\sqrt{n})$ 服從 $N(0,1)$ 標準正態分布，因此「$|\overline{X}-\mu|$ 非常大的機率不超過 α」等價於「Z 非常大的機率不超過 α」。根據正態分布的定義可以找到 Z 的取值區間，圖 6-1 中的陰影部分是使得「Z 非常大的機率超過 α」的取值區間，稱為拒絕域，當的值落在拒絕域中

時，說明 $\overline{X}$ 與 μ 的偏差過大，我們不接受 H_0 的假設，當 Z 的值落在拒絕域之外時，說明 $\overline{X}$ 與 μ 的偏差不大，我們接受 H_0 的假設。

要確定拒絕域的位置，只需要計算出兩個臨界點 $-Z_{\alpha/2}$ 和 $Z_{\alpha/2}$，$-Z_{\alpha/2}$ 和 $Z_{\alpha/2}$ 是標準正態分布的 $-\alpha/2$ 分位點和 $\alpha/2$ 分位點。標準正態分布的 $\alpha/2$ 分位點 $Z_{\alpha/2}$ 是指，標準正態分布機率密度曲線上滿足 $P(X > x_0) = \alpha/2$ 的 x_0 值，一般記為 $Z_{\alpha/2}$，其他分位點的定理與此類似。標準正態分布的分位點不需要計算，查「標準正態分布表」便可以得到。在雙邊 Z 檢驗中之所以將 X 變換為標準正態分布，就是為了便於查找分位點，這樣的「標準化變換」是求解數學問題的常用方法。

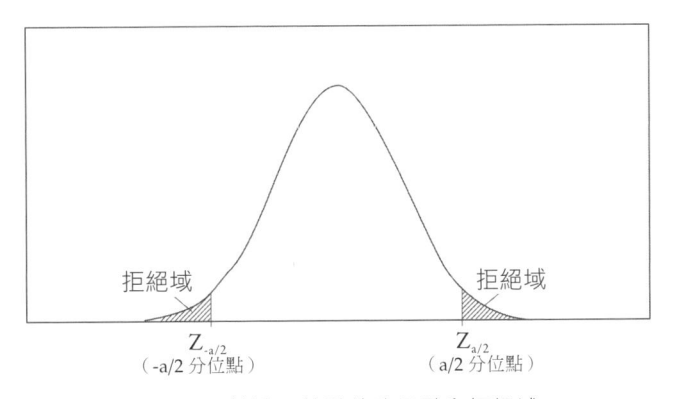

圖 6-1 雙邊 Z 檢驗的臨界點和拒絕域

以上便是雙邊 Z 檢驗的原理，接下來，我們便利用雙邊 Z 檢驗來驗證主場優勢。

主場優勢可以用主客場勝率差的平均數來度量，如果我們能夠說明主客場勝率差的平均數為某個正數，就可以說明主場優勢的確存在。觀察表 6-4 中的數據可以發現，有十支球隊的勝率差十分接近10%，因此，我們不妨令 $\mu_0 = 0.1$。假設我們已知勝率差 X 服從正態分布 $N(\mu, \sigma^2)$，標準差 σ 為 0.9（由 30 支球隊戰績估算的總體標準差），即 $X \sim N(\mu, 0.9^2)$。

構造如下兩個假設：

$H_0: \mu = 0.1$

$H_1 : \mu \neq 0.1$

假設 H_0 成立，則 X ～ $N(0.1, 0.9^2)$。表 6-4 中的勝率差一列是 X 的 30 個採樣數據，$Z=(\overline{X}-0.1)/(0.9/\sqrt{30})$ 服從 N(0,1) 標準正態分布，採樣數據的平均數為 0.15，對應的 Z 值為 $(0.15-0.1)/(0.9/\sqrt{30})$，即 0.30。

取顯著水準 $\alpha=0.05$，對應的臨界點為 -1.96 和 1.96。由於 -1.96 < 0.30 < 1.96，因此採樣數據的平均數沒有落入拒絕域，因此我們接受 H_0 假設，即「主客場勝率差的平均數為 10%」是正確的。

如果我們把 μ_0 設為較大的值，則會使得平均數落入拒絕域中。例如，構造如下兩個假設：

$H_0 : \mu = 0.5$

$H_1 : \mu \neq 0.5$

假設 H_0 成立，則 X ～ $N(0.5, 0.9^2)$，$Z=(\overline{X}-0.5)/(0.9/\sqrt{30})$ 服從 N(0,1) 標準正態分布，採樣數據的平均數為 0.15，對應的 Z 值為 $(0.15-0.5)/(0.9/\sqrt{30})$，即 -2.13。

取顯著水準 $\alpha=0.05$，對應的臨界點為 -1.96 和 1.96。由於 -2.13 < -1.96，因此採樣數據的平均數落入拒絕域，因此我們拒絕 H_0 假設，即「主客場勝率差的平均數為 50%」是不正確的。

單邊 Z 檢驗

要驗證勝率差的平均數大於某個常數，就需要使用單邊 Z 檢驗。同樣假定我們已知主客場勝率差 X 服從正態分布。構造如下的兩個對立的假設：

$H_0 : \mu \geq 0.1$

$H_1 : \mu < 0.1$

因為 H_0 中的 μ 都比 H_1 中的大，當 H_1 為真時，樣本平均數會偏小，因此，拒絕域的形式為：

6.2 假設檢定：主場真的有優勢嗎？

$$\overline{X} < k \ (k\ 是某個常數)$$

我們只能取小於 k 這一側的區域作為拒絕域，如圖 6-2 所示，這就是「單邊」的含義。

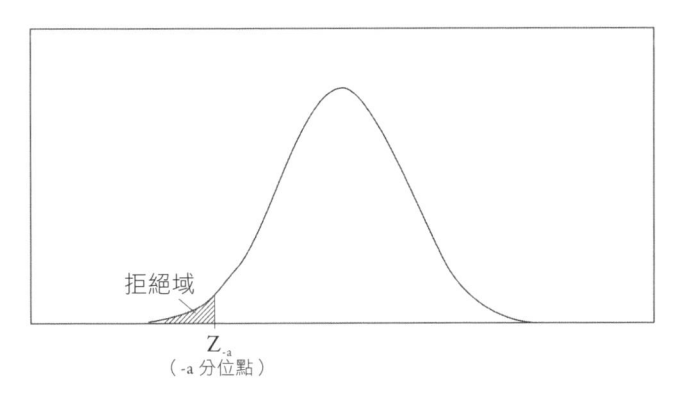

圖 6-2 單邊 Z 檢驗的臨界點和拒絕域

$Z=(\overline{X}-0.1)/(0.9/\sqrt{30})$ 服從 N(0, 1) 標準正態分布，採樣數據的平均數為 0.15，對應的 Z 值為 $Z=(0.15-0.1)/(0.9/\sqrt{30})$，即 0.30。

取顯著水準 $\alpha=0.05$，此時，拒絕域是單邊的，查表可得臨界點為 $z_{-\alpha}=-1.65$，即拒絕域為 $Z<-1.65$。由於 0.30 沒有落入拒絕域，我們接受 H_0 假設。

如果將兩個對立假設改為：

$H_0: \mu \leq 0.1$

$H_1: \mu > 0.1$

其餘條件不變，則拒絕域的形式為：

$$\overline{X} < k \ (k\ 是某個常數)$$

取顯著水準 $\alpha=0.05$，此時，拒絕域是單邊的，查表可得臨界點為 1.65，即拒絕域為 $Z>1.65$。由於 0.30 沒有落入拒絕域，我們接受 H_0 假設。

上面的兩個 H_0 假設包含自相矛盾的含義，我們卻都接受了，看似存在矛盾，既然計算過程沒有錯誤，那麼問題一定出在前提條件上。每一次

151

檢驗，我們都假定 X 服從 $N(\mu, 0.9^2)$ 的正態分布，這個假設是進行 Z 檢驗的前提條件，可是，0.9 只是我們從樣本估計出的總體標準差，不一定是真正的總體標準差，如果我們事先不知道總體標準差，也可以進行假設檢定——t 檢驗。

t 檢驗

已知主客場勝率差 X 服從正態分布 $N(\mu, \sigma^2)$，μ 和 σ 都是未知參數，此時，我們要驗證 $\mu=\mu_0$ 是否正確，就需要使用 t 檢驗。

構造兩個對立假設：

$H_0: \mu=\mu_0$

$H_1: \mu \neq \mu_0$

假設 H_0 成立，由於 σ 是未知變量，不能構造 Z 值進行檢驗，此時，我們利用「正態分布」一節中介紹過的 t 分布來構造一個變量 t。

已知 $X \sim N(\mu, \sigma^2)$，$X_1, X_2, ..., X_n$ 是 X 的 n 個樣本，因此，$(n-1)S^2 \sim X^2(n-1)$，其中 S^2 是 σ^2 的無偏估計。根據 t 分布的定義，可以構造變量 t：

$$t = (\overline{X}-\mu_0)/(S/\sqrt{n})$$

隨機變量 t 服從 $t(n-1)$ 分布。與雙邊 Z 檢驗相似，在雙邊 t 檢驗中，只需要找到 t 分布的 $-\alpha/2$ 分位點和 $\alpha/2$ 分位點，就可以確定拒絕域，進而判斷 t 值是否落入拒絕域。

我們使用 t 檢驗重新驗證 μ 與 0.1 的關係。

構造兩個對立的假設：

$H_0: \mu = 0.1$

$H_1: \mu \neq 0.1$

假設 H_0 成立，$t=(\overline{X}-0.1)/(0.9/\sqrt{30})$ 服從 $t(29)$ 分布，取 $\alpha=0.05$，可得 t 分布的 $-\alpha/2$ 分位點和 $\alpha/2$ 分位點分別為 -1.70 和 1.70，樣本平均數 0.15

對應的 t 值為 0.30，並未落入拒絕域中，因此我們接受 H_0 假設。

單邊 t 檢驗與雙邊 t 檢驗類似，找到 $-\alpha$ 或 α 分位點即可確定拒絕域，這裡不再贅述。

除了 μ，我們還可以針對 σ^2 進行假設檢定，此外還可以對兩個正態分布隨機變量的期望之差 $\mu_1-\mu_2$ 進行假設檢定，這些假設檢定涉及 X^2 檢驗、F 檢驗等更複雜的檢驗方法，但是基本思想和計算過程與 Z 檢驗和 t 檢驗類似。

最後，我要向讀者做一個小小的「檢討」。在本節中，我們一直把主客場勝率差服從正態分布當作已知條件，這是值得質疑的。在寫作本節前，我本應蒐集大量樣本或借用其他研究結果，對主客場勝率差服從正態分布做出驗證，但是我沒有做這個工作。雖然這並不會影響假設檢定的學習，但是我依然要提醒讀者，在實際應用假設檢定時，隨機變量是否服從正態分布需要謹慎判斷。

6.3　反證法：無罪推定

假設檢定背後隱含著的一個經典的證明方法——反證法。所謂反證法，是先假設求證的結論成立，再嘗試從假設和已知條件中推理出相悖的結論，如果相悖的結論存在，說明假設是錯誤的，從而認定求證的結論不成立。

以雙邊 Z 檢驗為例，我們要求證明 $\mu=0.5$，首先假設 $\mu=0.5$ 成立，然後利用已知條件和採樣數據進行推理，發現 $\mu=0.5$ 對應的 Z 值落入了拒絕域，這說明採樣數據並不符合預期的正態分布，因此我們拒絕接受 $\mu=0.5$ 的假設，即 $\mu=0.5$ 不成立。

反證法是邏輯學中一個重要的證明方法，在很多領域都有應用，現代

法律中的「無罪推定」原則是反證法的最佳例證。

無罪推定

　　法律的目標是維護正義，懲罰邪惡，每一個執法者都希望真正的罪犯得到法律的制裁；可是，在法庭斷案時，執法者難免會犯兩類錯誤：一類是錯殺，即為無辜者定了罪；另一類是漏判，即真正的罪犯沒有得到懲罰。這兩類錯誤，哪一類更應該避免？恐怕大多數人會認為——都應該避免。可是說起來容易，做起來難，因為要避免這兩類錯誤，需要遵從不同的判斷邏輯——無罪推定和有罪推定。

　　無罪推定的原則是優先避免錯殺，判斷邏輯是，假設嫌疑犯有罪，極力尋找推翻假設的證據，哪怕有一個證據能推翻假設，也不能判定嫌疑犯有罪；有罪推定的原則是優先避免漏判，判斷邏輯是，假設嫌疑犯無罪，極力尋找推翻假設的證據，只要有一個證據能推翻假設，就可以判定嫌疑犯有罪。

　　無罪推定雖然避免了錯殺，卻可能使兇手逃過法律的制裁；有罪推定雖然避免了兇手漏網，卻可能使無辜的人蒙冤入獄。現代法律重視每個人的人權，因此選擇了「寧可漏判，不可錯殺」的無罪推定原則作為法庭判案的基本原則。

　　20世紀末期發生的「辛普森殺妻案」是無罪推定的代表案件。1994年6月12日深夜，洛杉磯西部一豪宅門前發現一男一女兩具屍體。女性死者是著名黑人橄欖球運動員辛普森的前妻妮克·辛普森，男性死者是餐館服務生羅納德·高曼，兩人均遭利器割喉而死。案發後的凌晨，四名警察來到辛普森的住所，發現大量證據——門外的白色汽車染有血跡，車道上也有血跡，後院有一隻染有血跡的手套。辛普森在芝加哥酒店接到警方通知，清早趕回加州，幾天之後，他被列為本案主要嫌疑犯，遭到逮捕，庭審不久後開始。

　　檢方在開庭陳詞中，指控辛普森預謀殺妻，作案動機是嫉妒心和占有

6.3　反證法：無罪推定

欲。離婚之後，辛普森對妮克與年輕英俊的男人約會非常吃醋，一直希望破鏡重圓。案發當天，在女兒的舞蹈表演會上妮克對辛普森非常冷淡，使他萌動了殺機。服務生羅納德・高曼屬於誤闖現場，偶然被殺。法醫鑒定表明，被害人死亡時間大約在22：00～22：15。辛普森聲稱，當晚21：40～22：50他在家中獨自睡覺，無法提供證人。辛普森豪宅中發現的沾有血跡的汽車和手套是重要證據。

看起來，一切的證據都表明辛普森是兇手；可是，隨著庭審的進行，所謂的「證據」卻遭到辯方律師的有力反駁。辯方認為，辛普森作為一個「業餘殺手」，要實施謀殺理應用槍，割喉難度很大，而且容易留下大量血證，辛普森前妻妮克有吸毒史，此番很可能是遭遇黑手黨的殺害，而割喉恰恰是黑手黨殺手常用的殺人手法。案發現場的血證也存在諸多疑點，沾有血跡的襪子，左右兩側的血跡竟然完全相同，這不可能是兇手穿著的襪子，更可能是被人塗抹上去的，辛普森豪宅後院的五滴被告血跡大小均勻、外形完整，也不合常理；更令人生疑的是，現場血跡中發現了濃度很高的螯合劑，案發之日，警方在辛普森的血樣中添加了這種螯合劑，並曾攜帶血樣返回案發現場。最後，辛普森被要求當庭戴上沾有血跡的手套，可是辛普森折騰了很久也很難將手套戴上，辯方由此認為這隻手套太小，根本不可能是辛普森的。

辛普森一案，是當時美國社會白人與黑人對立的反映，辛普森雖然是黑人，卻喜歡結交白人朋友，熱衷於躋身富有的白人圈子，遭到大多美國公民的厭惡。庭審之初，陪審團成員普遍傾向於辛普森有罪，可是辯方對現場證據提出的質疑邏輯嚴謹、難以反駁，漸漸動搖了陪審團的初始判斷。1995年10月3日，美國西部時間上午10點，辛普森案裁決即將宣布之時，整個美國一時陷入緊繃，連同柯林頓總統在內的一億四千萬美國人收看或收聽了「世紀審判」的最後裁決──陪審團裁決結果：辛普森無罪。

雖然辛普森殺妻案已經過去了二十多年，但它依然是無罪推定的代表案件，一些國家法律中雖然沒有陪審團制度，但也堅持無罪推定原則，下面，我們借用一部電影來親身感受一下庭審上的無罪推定原則。

十二公民

　　電影《十二公民》翻拍自經典老片《十二怒漢》，講述了十二個學生家長組成陪審團審理案件的全過程，是一部精彩的庭審題材電影，讓我們跟隨電影中的人物一起感受和學習庭審中的「無罪推定」原則。

　　「朝陽區某居民區內發生殺人案件，一名四十歲左右的河南籍男子被人刺死在家中，案發現場的場景被圍觀群眾錄影，影片一上傳，一小時內點擊數已破十萬，嫌疑犯的姓名曝光後身分很快被網友肉搜出來：此人現年21歲，是本市有名的富商之子，死者正是富二代的生父。不久前，檢察官卻做出了存疑不起訴的決定，再次將整個案件推到風口浪尖。富二代殺人案引起社會各界巨大反響，並引發了各大媒體甚至法學院的討論熱潮。」

　　影片圍繞著一樁「富二代殺人案」展開。法學院以這樁知名的「富二代殺人案」為英美法律課的補考題目，邀請補考同學的家長和學校保安、小賣店店主等十二個「法律外行」組成模擬陪審團。在模擬庭審環節後，該陪審團需要在至少一個小時的時間裡充分討論，得到一致的結論——十二票全部贊成有罪或者十二票全部贊成無罪。

　　接下來，模擬陪審團的討論正式開始。

　　團長發起第一輪投票，結果是十一票有罪，一票無罪。大家本以為這個討論只是走走過場，趕緊投出個十二票有罪就結了，誰知8號陪審員偏偏投了無罪。而他的說法竟是：「我覺得我們應該討論討論。」其他幾位陪審員頓時急了，輪番發言，試圖說服8號陪審員，他們給出的理由是「網路上鋪天蓋地的貼文都是富二代殺的」、「證據挺明顯」、「這就是個一清二楚的案子」。8號陪審員的態度十分堅決：「這件事不想清楚，不說明白，手隨隨便便這麼一舉，就把這孩子往死路上推，這太快了。」——8號陪審員表現出了一位陪審員應有的職業態度，對待有罪判決要慎之又慎。此外，陪審員要堅持自己的獨立判斷，不能盲目接受媒體和網友的言論，在一些重大案件的審理過程中，陪審員甚至會「享受」與世隔絕的待遇，其目的就是讓陪審員避免外界干擾，作出獨立判斷。

6.3 反證法：無罪推定

接下來，其他十一位陪審員開始輪番表達意見，試圖說服八號改判有罪。

10號是個老北京人，他說：「你得看這是什麼人教育的孩子！這孩子的父親是河南農民，蹲過大獄還離過婚，一個把親兒子拋棄的人能是好人嗎？這孩子的繼父也是河南一農民，才不過十年，從負債累累到身價過十億的藥業富翁，他這繼父要不做一點違法亂紀的事，能賺這麼多錢嗎？」——10號的發言是典型的主觀臆斷，毫無事實根據，這是陪審員的大忌。

2號是個胖胖的老好人，他笑著說：「關於這個案子，我沒什麼好說。就是覺得這孩子有罪，因為從反證法的角度看，我們沒法證明這個人不是他殺的啊。」——2號很明顯落入了有罪推定的邏輯。

8號馬上糾正了他，說：「我們根本不用證明不是他，只要證明證據中存有疑點。」——陪審團的職責是從證據中尋找疑點，試圖排除嫌疑犯的殺人嫌疑。

至此，十二位陪審員方才明確了陪審團奉行的無罪推定原則，在8號的指引下，陪審團開始整理證據。

本案的證據主要有如下三個。

證據1：老人的證詞

住在案發現場樓下的老人，在案發當天晚上12點10分的時候，聽見樓上爺孫吵起來了，那個富二代大喊：「我要殺了你！」一秒鐘之後，他又聽見，有人倒在地上了，老人趕忙起床跑到門口，過了15秒左右，他在自家門口剛好看見那個富二代從樓梯上跑下來，走了。於是，老人趕忙打電話報警，警察來了發現，死者的身上插了一把刀。

證據2：凶器

富二代一直在自己車上放著一把彈簧刀，這把刀與犯罪現場發現的凶器一模一樣，案發後警察找不到富二代的刀，富二代說自己的刀丟了。富

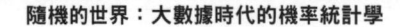

二代的這把刀被網友曝光在網路，它外觀特別，還帶有編號，看起來是一把私人訂製的刀。

證據 3：女人的證詞

案發當晚，住在案發現場對面的女人躺在床上輾轉反側、無法入睡，她無意中透過駛過的車窗，看見男孩刺了他的生父。

其他陪審員受到 8 號陪審員的號召，一同討論起這三個證據，此前看似牢不可破的「鐵證」暴露出了很多疑點。

疑點 1：凶器

8 號陪審員在網路花 66 元買了一把和凶器一模一樣的彈簧刀，這說明這把刀並非私人訂製，網友發布的照片很可能是修圖處理過的。因此，案發現場的刀並不能與富二代構成必然連繫。

疑點 2：喊聲

經陪審團估算，一列六節長的城鐵駛過案發現場的窗口大約需要六秒鐘，並且會發出巨大的轟隆聲，案發現場離城鐵很近，城鐵透過時，住在樓下的老人理應聽不清樓上發出的任何聲音，自然也聽不清富二代的喊聲。

疑點 3：時間

住在樓下的老人是瘸子，經陪審團現場模擬，老人從聽見樓上有人倒地，到挪步至門口大約需要 43 秒，這與證詞中的「十五秒左右跑到門口」相矛盾。

疑點 4：刀口

富二代身高 172 公分，死者身高 183 公分，死者身上的刀是由上向下插入，側跳型彈簧刀一般的用法都是由下向上刺進去，更何況死者比富二代高了 11 公分，由上向下插入顯得不合情理。

疑點 5：目擊

6.3 反證法：無罪推定

　　自稱案件目擊者的女人常常揉鼻梁，眼窩深陷，喜歡瞇眼看東西，這些細節說明這個女人很可能是近視眼，而試圖睡覺的人是不會戴眼鏡的，一個沒戴眼鏡的近視眼能否看清幾十公尺外的兇殺過程，令人懷疑。

　　至此，最後一個投有罪票的人也改判無罪，標誌著陪審團最終達成了一致，從十一票有罪一票無罪，到十二票無罪，陪審團的每一個人都更加深刻地理解了庭審上的無罪推定原則。影片中 8 號陪審員的兩句話最能說明無罪推定原則的內涵，他說：

「誰也不能隨隨便便宣布一個人有罪！」

「你手握生殺大權，殺一個無辜的人，你跟兇手有什麼區別？」

　　讀者可以放下本書，看看這部電影，希望你也能從中領悟無罪推定的要義。

第七章
貝氏定理

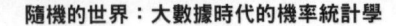

導語：它曾遭受質疑，險些被遺忘；它的數學表達非常簡單，卻蘊藏著深刻的機率思想；它在醫學、推理、博弈等領域得到廣泛應用，連機器學習演算法中也有它的一席之地。它就是機率統計中最具實踐意義的貝氏定理。

7.1　牧師貝氏：深藏功與名

在機率統計中，大數法則是最具理論意義的定理，貝氏定理則是最具實踐意義的定理。貝氏定理不僅在醫學、推理、博弈等領域得到廣泛應用，還衍生出了單純貝氏分類器、貝氏網路等新方法，在機器學習、不確定性推理等領域也占有重要位置。下面我們就來認識一下貝氏定理的創始人——「牧師」貝氏。

牧師貝氏

托馬斯‧貝氏（約 1701～1761）是一位受人尊敬的英格蘭長老會牧師，同時也是英國皇家學會會員。他相信神是完美的，這世界上之所以還有邪惡和苦難，是因為人類對自然和宇宙的瞭解還不夠，所以我們要不斷探索宇宙的規律。業餘時間裡，他喜歡研究一些邏輯和機率方面的問題。當時，人們對機率的認識還十分膚淺，如何理解「逆機率」尚無定論，這引起了貝氏的興趣。

7.1　牧師貝氏：深藏功與名

　　常見的機率問題往往是這樣的：已知袋子裡有 5 個紅球、8 個藍球，閉上眼睛拿出一個，拿到紅球的機率是多少？這是「正機率」問題。「逆機率」問題與之相反：袋子裡有很多紅球和藍球，從中隨意拿出 5 個，發現 3 個是藍球、2 個是紅球，那麼袋子裡紅球和藍球的比例可能是怎樣的？

　　貝氏利用業餘時間對「逆機率」問題做了很多研究，並撰文記錄下了自己的研究成果。可惜貝氏提出的理論與當時的主流統計觀點相左，他的研究成果因此遭到了冷落。貝氏死後兩年，他的好友理查・普萊斯將他的文章寄給了英國皇家學會，這篇貝氏定理的開山之作方才公之於眾。

　　貝氏撰寫的文章是《機會問題的解法》(*An essay towards solving a problem in the doctrine of chances*)，文章的表達清晰明確，將「逆機率」問題以點、線、面的方式直觀的呈現出來，並在解答過程中提出了貝氏公式。更讓人欽佩的是，文章中有關機率的表述十分準確，卻沒有使用任何機率相關的數學表示式，對一個「業餘」的數學愛好者來說實屬不易。

　　後來，法國數學家拉普拉斯把貝氏定理總結為一個簡潔的數學表示式，從此貝氏定理被人們接受，並得到了越發廣泛的應用。

貝氏定理

　　貝氏定理之所以得到廣泛應用，與其簡潔的表示式不無關係。在「條件機率」一節我們學習過如下公式：

$$P(AB) = P(A|B) \cdot P(B)$$
$$P(B) = P(A|B) + P(\overline{A}B)$$

　　式中，A 和 B 分別表示兩個隨機事件，$\overline{A}$ 表示 A 的逆事件，即事件 A 不發生。

　　將這個公式做簡單的數學變換，便可以得到貝氏定理的表示式：

$$P(A|B) = P(B|A) \cdot P(A)/P(B|A) \cdot P(A) + P(B|\overline{A}) \cdot P(\overline{A})$$

　　這個公式看起來並不「簡潔」，這是機率的表達符號帶給你的錯覺，我

們用 x 表示 P(A)，用 y 表示 P(B|A)，用 z 表示 P(B|$\bar{A}$)，便可以把貝氏定理改寫成下面的形式：

$$P(A|B) = xy/[xy + z(1-x)]$$

改寫過後，貝氏定理顯得簡潔多了，它的含義也變得清晰了。要計算條件機率 P(A|B)，只需要知道 P(A)、P(B|A) 和 P(B|$\bar{A}$)。明明計算量變大了，為什麼說「只需要」？因為計算難度降低了。在很多現實問題中，P(A|B)往往難以直接計算，而 P(A)、P(B|A) 和 P(B|$\bar{A}$)卻可以計算（或估算）出來，貝氏定理的奧祕就在於此。

我們一起來看下面這個例子——「你身上有她的香水味」。

妳和丈夫新婚剛剛半年，正是如膠似漆的時候，丈夫卻忽然因公出差一個月。妳盼著盼著，一個月後，終於把丈夫盼回來了；可是，就在妳擁抱歸來的丈夫時，妳的鼻子卻嗅到了不該嗅到的氣味——女人的香水味。妳知道，女人的鼻子永遠不會犯錯，這一定是另一個女人留下的味道！妳無法排解心中的難過和糾結：難道丈夫出軌了？

下面我們用貝氏定理計算「丈夫出軌的機率」。

設隨機事件 A 表示丈夫出軌，隨機事件 B 表示丈夫身上有其他女人的香水味，我們的計算目標是 P(A|B)。根據貝氏定理，我們要分別計算 P(A)、P(B|A) 和 P(B|$\bar{A}$) 三個機率值。P(A) 表示在沒有任何已知條件時丈夫出軌的機率，假設妳相信自己的丈夫很專一，P(A)=1%，這個機率相當低。P(B|A) 表示在丈夫出軌的前提下香水味出現的機率，這個機率一定很高，但是妳丈夫並不傻，出軌之後一定會試圖洗白自己，綜合來看，這個機率可以設為 60%。P(B|$\bar{A}$) 表示丈夫沒出軌的前提下香水味出現的機率，也許是結伴女同事在丈夫身上留下的，可是丈夫所在的公司女同事很少，這種情況出現的機率很低，估計只有 10%。

估算出了 P(A)、P(B|A) 和 P(B|$\bar{A}$) 三個機率值，便可以代入貝氏公式中，得到丈夫出軌的條件機率為 P(A|B)=6%，妳長舒一口氣，丈夫出軌的機率還是很低的。

7.1 牧師貝氏：深藏功與名

在這裡例子中，妳對丈夫本人的極度信任十分關鍵，如果妳對他的信心稍有動搖，比如 P(A)=10%，其他條件都不變，丈夫出軌的條件會暴漲到 40%！

P(A) 被稱為先驗機率，在很多實際問題中，P(A) 只能借助主觀推測，這也是貝氏定理自提出之日起就為人質疑的一點。為了摒除主觀推測的干擾，統計學家們提出了「頻率主義」。

頻率主義與貝氏定理

頻率主義是統計學中的一種思想，它力圖摒棄任何主觀推測，站在絕對客觀的角度蒐集數據，並用嚴謹的數學模型概括數據的特徵。推崇頻率主義的統計學家會無止境地蒐集數據，對數據的機率分布做出統計假設，再用假設檢定來驗證統計假設是否正確；然而，這種思想有明顯的「完美主義」傾向，容易脫離現實。比如，頻率主義始終在力圖解釋抽樣誤差，它希望找到、也相信能找到一個通用的方法來計算抽樣誤差，從而消除統計偏差，卻始終未能實現。在當下的大數據時代，樣本近乎就是總體，抽樣誤差不再存在，然而即便使用總體中的全部數據，也往往無法做出合理的統計推斷，因為數據越多，干擾也越多。

「不識廬山真面目，只緣身在此山中」，我們生活在世界上，很難找到絕對客觀的視角來看待世界。貝氏定理的確包含主觀推斷，可是定理中的主觀推斷通常是以經驗數據作為參考，即便主觀推斷最初可能出錯，還可以借助經驗數據的蒐集，不斷迭代和更新主觀推斷，一步步接近真相。相比於頻率主義，貝氏定理更加實用，在醫學、博弈、推理等很多實際問題中，貝氏定理都發揮了不可替代的作用。

7.2 賭神貝氏：一賭定終身

每年 11 月，NBA 會迎來新賽季，身住洛杉磯的富豪哈若拉波斯·烏爾加利斯也開始了新賽季的工作。每天晚上，他會對著家中的 5 台高畫質平板電視機，同時觀看 5 場比賽，更新自己的比賽資料庫，並為下一次下注做好準備。烏爾加利斯是一位「NBA 職業賭客」，他不僅沒有因為賭博輸錢，正相反，他因為賭博而成了千萬富翁。運氣不好，烏爾加利斯也能賺到 100 萬美元，運氣好時，賺上三、四百萬美元也不在話下。烏爾加利斯是怎樣成為「賭神」的？一次瘋狂的下注成就了他。

烏爾加利斯出生於加拿大，他的父親曾經坐擁 300 萬美元身家，卻因嗜賭而破產。烏爾加利斯繼承了父親的基因，從小就對賺錢擁有強烈的慾望，他在大學期間做了很多份兼職，賺到了人生的第一筆 8 萬美元。就在大四這一年，他意外地陷入一場賭局中而無法自拔，這場賭局就是──湖人隊能否奪得 1999 到 2000 賽季 NBA 總冠軍。

那一年，湖人隊聘用了「禪師」菲爾·傑克森當教練，陣中坐擁全聯盟最強中鋒俠客·歐尼爾，天賦異稟的明星後衛 Kobe，以及一批實力不俗的角色球員。但這似乎並沒有讓拉斯維加斯的賭客看好湖人隊。上個賽季，湖人隊一直風波不斷，年輕氣盛的 Kobe 與歐尼爾爆發了矛盾，球隊三次換帥，最終在季後賽被馬刺隊橫掃出局。本賽季常規賽第三場，湖人隊輸給了經驗老到的開拓者隊；更糟糕的是，歐尼爾在場上發飆被裁判驅逐出場，一切似乎都是上個賽季的重演，湖人隊要在殘酷的季後賽中戰勝馬刺隊和開拓者隊簡直是天方夜譚。

1 賠 7.5──拉斯維加斯的莊家調高了湖人隊奪冠的賠率，湖人隊的家鄉媒體《洛杉磯時報》也看衰湖人隊的前景。烏爾加利斯是個喜歡挑戰權威的年輕人，他很欣賞菲爾·傑克森的執教風格，並且深信湖人隊不會如此不堪，他決定賭一把！除了必需的生活費外，他把自己打工賺來的 8 萬美元全部下注湖人隊奪冠。以這個賠率計算，如果湖人隊最終問鼎冠軍，烏爾加利斯會賺到 50 萬美元！

7.2 賭神貝氏：一賭定終身

他真的賺到了！

那一年，湖人隊在常規賽取得了 61 勝 21 負的不俗戰績，但是到了季後賽，他們遭遇了國王隊和開拓者隊的強力阻擊。對陣開拓者隊的西部決賽被拖入一場決勝的搶七大戰，第三節臨近打完時，湖人隊居然在自己的主場落後 16 分之多，參照歷史數據，湖人隊翻盤的機率不足 20%。即便難以取勝，湖人隊也絕不能在家鄉父老面前繳械投降。最後一節，在主場球迷的瘋狂吶喊中，湖人隊眾志成城，將比分一步步迫近，並借助 Kobe 的兩顆罰球一舉超越，最終乘勢拿下了比賽勝利。神奇的主場優勢助湖人隊完成了不可思議的大逆轉！總決賽中，湖人隊輕鬆戰勝印第安納溜馬隊，順利奪冠！

這一賭開啟了烏爾加利斯的賭神之路！烏爾加利斯有了足夠的資金，能夠承擔起小額投注的風險，於是他開始嘗試成為 NBA 職業賭客。他會在某個 NBA 比賽日同時下注三、四場比賽，並不斷矯正自己的投注策略。後來，他開始蒐集各場比賽的相關資訊，尋找比賽過程、比賽結果與賽前各種資訊之間的關聯，比如，某個球員的緋聞女友在推特上暗示今晚要和這個球員去夜總會，可這個球員的心思根本不在比賽上，他在當晚比賽中的表現八成會很糟糕。烏爾加利斯不斷優化自己的投注策略，蒐集的資訊也越來越多，現在他經營著一家球探機構，僱用球探來蒐集比賽資訊，並詳細分析各支球隊的攻防戰術。此外，他還關注超過 100 位 NBA 球員和教練的推特帳號，從中蒐集球員在賽前賽後的各種言論，球隊教練在賽前新聞發布會上的措辭也是烏爾加利斯重點關注的內容。這些資訊最終會輸入烏爾加利斯的一個電腦仿真程式中，幫助他模擬比賽結果。

烏爾加利斯認為，沒有什麼理論能夠準確地預測未來，但是，未來卻是由當下不斷發生的各種事件共同決定的，比賽的勝負如同股票指數一樣變幻莫測，每一個利好或利空消息都會產生或大或小的影響，成功的賭徒從紛繁複雜的消息中去除噪聲，判斷這些消息產生的影響到底有多少。我們很難把烏爾加利斯的方法抽象成某種數學理論——當然，他也不會告訴我們他的方法是什麼——但我們知道，隱藏在他的方法背後的思想正是貝

氏定理。

湖人隊的奪冠機率

時間回溯到 1999 年 11 月，烏爾加利斯加入了「湖人隊能否在 2000 年奪冠」的賭局中，當時 NBA 常規賽剛剛進行了 12 場比賽，湖人隊的戰績是 8 勝 4 負，根據這個已知條件，我們來計算湖人隊奪冠的機率有多少。

設定隨機事件 A 表示湖人隊奪冠，隨機事件 B 表示前 12 場比賽 8 勝 4 負，求解 P(A|B) 的過程如下所述。

(1) 估算先驗機率 P(A)。聯盟至少有兩支球隊的實力與湖人隊相當，而且湖人隊在上個賽季的季後賽被馬刺隊橫掃出局，因此湖人隊本賽季奪冠的機率並不會高，可以設為 20%。

(2) 估算 P(B|A) 和 P(B|$\overline{A}$)。我們可以查閱 NBA 的歷史資料，以最近幾個賽季的聯盟強隊的戰績為參考，估算湖人隊奪冠和不奪冠的情況下，出現八勝四負戰績的機率，假設它們分別為 60% 和 50%。

(3) 根據貝氏定理，可以計算得到湖人隊奪冠的機率為：

P(A|B) = P(B|A)·P(A)/P(B|A)·P(A) + P(B|$\overline{A}$)·P($\overline{A}$)
　　　= ... = 23%

可見，湖人隊的開局戰績並沒有拉低奪冠機率。按照 1 賠 7.5 的賠率，在下注 8 萬美元賭湖人隊奪冠的情況下，如果湖人隊奪冠可以得到 52 萬美元的淨利潤，如果湖人隊沒能奪冠，將失去 8 萬美元，因此，烏爾加利斯在這個賭局中的獲利期望是：

E(獲利) = 23%×52 + 77%×(-8) = 5.8（萬美元）

可見，對烏爾加利斯來說，這個賭局是有利可圖的。雖然他最終憑藉這個賭局一舉成為富翁，但他清楚，機率只有在多次試驗中才會發揮效應，要堅持使用貝氏定理的思想，同時不斷優化自己的投注策略，才能成為一個成功的賭客。雖然烏爾加利斯靠賭博賺到了很多錢，但是他的下注

正確率也只能達到 57%，扣掉莊家的抽成，只剩下非常小的獲利空間，正如大數法則對莊家的作用一樣，只要能一直保持 57% 的正確率，看似微小的盈利就會像滾雪球一樣積少成多，這就是成功賭客的祕訣。

7.3　死神貝氏：連環恐怖攻擊

「戰爭」是人類文明史上的高頻詞，距今僅 100 年前，第一次世界大戰正在無情地吞噬著歐洲大陸上的生命，1918 年 11 月，第一次世界大戰結束，留下了一千萬人喪生、兩千萬人受傷的慘烈數字；20 年後，法西斯領導阿道夫·希特勒和墨索里尼，聯手挑起了第二次世界大戰。經過 6 年的苦戰，世界反法西斯同盟戰勝了法西斯軸心國，卻付出了 7,000 萬人死亡、上億人受傷的慘痛代價。經過這次波及全球的世界大戰，反法西斯同盟的各國絕不希望再次爆發大規模戰爭，由此成立了聯合國安理會，共同維護世界和平和安全。此後的數十年，地球告別了大規模戰爭，全世界的經濟、科技日益發展繁榮。

然而，在和平發展的表象下，一股黑暗勢力正在滋生和擴張，它就是——恐怖主義。

恐怖主義，是指恐怖組織對非武裝人員（通常是平民）進行暴力襲擊，以實現其政治或宗教目的，襲擊方式包括製造爆炸、劫機、綁架、暗殺等。恐怖組織包括極左（右）翼恐怖主義團體、極端的宗教主義或種族主義組織等，他們往往有非常明確的政治或宗教訴求，擁有強大的資金支持，能夠從世界各地招募成員，並將他們訓練成無比虔誠的教徒，然後針對特定目標發動自殺式恐怖攻擊。而規模最大、最活躍的恐怖組織非 IS 莫屬。

伊斯蘭國（Islamic State, IS），前稱伊拉克和大敘利亞伊斯蘭國（Islamic State of Iraq and al Shams, ISIS），是一個活躍在伊拉克和敘利亞的

極端恐怖組織。在 2003 年，伊拉克戰爭期間，IS 還只是「基地」組織的一個分支，自 2011 年，「基地」組織頭目賓拉登被美軍擊斃後，美軍隨即撤出伊拉克，此後 IS 組織迅速壯大，趁敘利亞內戰之機進駐敘利亞，於 2014 年 2 月宣布「建國」，「定都」敘利亞城市拉卡。

隨後，IS 脫離「基地」組織獨立發展。2014 年 6 月，IS 頭目巴格達迪宣布在伊拉克和敘利亞建立伊斯蘭帝國，不久之後，阿富汗恐怖組織塔利班宣布效忠 IS，助其建立全球性的伊斯蘭帝國。

2014 年 9 月，美國聯合英國、法國等 54 個國家和歐盟、北約等國際聯盟發動了對 IS 的軍事打擊，接連遭遇空襲和地面襲擊的 IS 組織開始瘋狂回擊，他們先後對法國、英國和日本公民實施斬首，並將斬首影片公之於眾；此後，他們對歐洲實施了兩起駭人聽聞的恐怖攻擊。第一起是法國巴黎的「1113」恐怖攻擊：2015 年 11 月 13 日晚上，法國首都巴黎的市中心連續發生多起槍擊和爆炸事件，造成 128 人死亡，99 人重傷，IS 隨後宣布對該事件負責，並稱其為一個「奇蹟」。

第二起是比利時布魯塞爾的「322」恐怖攻擊，襲擊發生前四天，布魯塞爾警方剛剛逮捕了巴黎恐怖攻擊案的一名在逃嫌犯薩拉赫·阿卜杜勒·薩拉姆，引發了布魯塞爾的穆斯林居民集體騷亂。四天後，2016 年 3 月 22 日晚上，布魯塞爾機場發生槍擊和爆炸，隨後位於歐盟委員會附近的地鐵站發生爆炸，該事件造成至少 34 人死亡，IS 隨後宣布對該事件負責。

從 20 世紀末到現在，恐怖組織製造的恐怖攻擊數不勝數，如表 7-1 所示。這些恐怖攻擊大多為連環襲擊，這是巧合還是必然？下面我們用貝氏定理來揭祕連環恐怖攻擊的祕密。

表 7-1　全世界近三十年的恐怖攻擊案件

發生時間	恐怖襲擊事件	傷亡情況
1988/12/21	洛克比空難：一枚炸彈在美航 103 班機上被引爆	機上 259 人和地面 11 人死亡
1995/3/20	在日本東京交通最為繁忙的 3 條地鐵的 15 個車站同時發生毒氣事件	10 人死亡，75 人重傷

7.3　死神貝氏：連環恐怖攻擊

1998/8/7	「蓋達」組織用炸彈襲擊了美國肯亞首都奈洛比和坦尚尼亞港口城市三蘭港的大使館	224 人死亡
2001/9/11	「911」事件：自殺式炸彈襲擊者劫持民航機撞向世貿中心和五角大廈	2,977 人死亡
2002/10/12	印度尼西亞度假勝地峇里島上連續發生兩起炸彈爆炸	202 人死亡
2003/8/29	伊拉克南部清真寺發生汽車炸彈爆炸	100 多人死亡，200 多人受傷
2004/3/11	馬德里爆炸案：西班牙首都馬德里發生 3 列旅客列車連環爆炸事件	至少 198 人死亡，約 1,800 人受傷
2005/7/7	倫敦市中心金融區的地鐵站和兩輛巴士相繼發生爆炸	52 人死亡，700 多人受傷
2006/7/11	在印度孟買下班繁忙時間發生的 7 次連環爆炸炸毀多個火車車廂	187 人死亡
2008/8/4	兩名暴恐分子在中國新疆維吾爾自治區喀什市駕車襲擊邊防官兵並引爆爆炸物	17 名官兵殉職，15 人受傷
2014/5/6	「博科聖地」組織對奈及利亞東北部一座邊境城市發動襲擊	約 300 人死亡
2015/11/13 晚	法國巴黎發生連續槍擊和爆炸	至少 197 人死亡
2016/3/22 晚	比利時札范登布魯塞爾國際機場出發大廳發生爆炸，隨後歐盟總部附近地鐵站發生爆炸	至少 34 人遇難

連環攻擊不是巧合

　　對待小機率事件，統計數字不僅無用，而且會使人麻木，震驚全球的「911」事件是最好的例證。2001 年 9 月 11 日，「基地」組織的恐怖分子劫持了四架大型客機，其中兩架撞擊了世貿中心的南樓和北樓，一架撞擊了美國國防部五角大樓，還有一架最終墜毀。

　　「911」事件徹底挑戰了美國安保部門的想像力，在「911」事件發生前，幾乎沒人會想到，恐怖分子會駕駛飛機撞擊世貿中心大樓。因為統計數字告訴我們：在「911」事件前的兩萬五千天裡，曼哈頓上空一直有飛機通航，但是只發生過兩次類似「撞樓」的事件，因此從時間來衡量，「飛機撞大樓」發生的機率只有 0.008%，如果按照飛機架次來衡量則更低；與此同時，另一組數據卻沒有受到應有的重視，自 1995 年起，全球的自殺式攻擊數量大

幅增加，2000 年迎來了最高峰——39 起，而且早在 1998 年，「蓋達」組織就曾企圖用飛機撞擊世貿中心大樓，但未能得逞。北美防空司令部曾提議進行一次有關「被劫客機攻擊五角大樓」的軍事演習，卻因這一想法太不現實而未被採納。

從歷史統計數據上看，「恐怖分子駕機撞世貿中心大樓」的確是小機率事件；但是在特定的時期、特定的條件下，這一事件卻未必是「小機率」，尤其是在類似事件已經發生的情況下。當恐怖分子駕駛第一架被劫客機撞上世貿中心大樓的時候，這件事瞬間便不再是小機率事件了；不僅如此，「飛機再次撞擊世貿中心大樓」幾乎是一定！一切都歸因於貝氏定理。

設隨機事件 A 表示「恐怖分子駕機撞世貿中心大樓」，隨機事件 B 表示「飛機第一次撞擊世貿中心大樓」，$P(A)$、$P(B|A)$ 和如表 7-2 所示。由於美國歷史上從未發生過類似事件，所以我們把先驗機率 $P(A)$ 設成 0.005%，根據貝氏定理，$P(A|B)=38\%$。也就是說，僅僅「恐怖分子駕機撞擊世貿中心大樓」這一個事件的發生，就讓「飛機撞擊世貿中心大樓」這一事件的先驗機率從 0.005% 暴漲到 38%！

表 7-2　已知恐怖分子駕機撞擊世貿中心大樓時的貝氏定理

事件	計算公式	機率 (%)
恐怖分子駕機撞世貿中心大樓	$P(A)$	0.005
已知恐怖分子駕機撞世貿中心大樓，飛機第一次撞擊世貿中心大樓	$P(B|A)$	100
恐怖分子未駕機撞擊世貿中心大樓的情況下，飛機第一次撞擊世貿中心大樓（意外事故）	$P(B|\bar{A})$	0.008
已知飛機第一次撞擊世貿中心大樓的情況下，恐怖分子駕機撞世貿中心大樓	$P(A|B)$	38.46

更要命的還在後頭！

設隨機事件 A 表示「恐怖分子再次駕機撞世貿中心大樓」，隨機事件 B 表示「第二架飛機撞上世貿中心大樓」，$P(A)$、$P(B|A)$ 和 $P(B|\bar{A})$ 如表 7-3 所示，在先驗機率 38% 的情況下，$P(A|B)$ 居然高達 99.99%！這似乎應了

中國的那句老話——禍不單行！

表 7-3　已知恐怖分子第二次駕機撞擊世貿中心大樓時的貝氏定理

事件	計算公式	機率 (%)
恐怖分子再次駕機撞擊世貿中心大樓	P(A)	38.46
已知恐怖分子再次駕機撞擊世貿中心大樓，第二架飛機撞上世貿中心大樓	P(B|A)	100
恐怖分子未再次駕機撞擊世貿中心大樓的情況下，第二架飛機撞上世貿中心大樓（意外事故）	P(B|$\bar{A}$)	0.008
已知第二架飛機撞上世貿中心大樓的情況下，恐怖分子駕機撞上世貿中心大樓	P(A|B)	99.99

貝氏定理為我們開啟了另一個視角，去看待地震、瘟疫、金融危機等「小機率事件」。統計數字只能告訴我們，這些事件極少發生，可是這沒有實踐意義。事實是，當某些相關事件發生時，小機率事件很可能會變成普通事件，甚至必然事件！所以，在對待小機率事件時，最具實踐意義的做法是，不斷蒐集相關資訊，不斷更新事件發生的機率，只有這樣才能做到有備無患。

7.4　神探貝氏：嫌疑犯 X 的獻身

1841 年，美國作家愛倫‧坡發表了小說《莫爾格街兇殺案》，這部小說被世界公認為偵探小說的開山之作。從那以後，偵探小說常常成為歐美暢銷書的代名詞。在英國，亞瑟‧柯南‧道爾創作的《福爾摩斯探案集》可謂無人不知；阿嘉莎‧克莉絲蒂創作的《無人生還》、《尼羅河謀殺案》等作品也是家喻戶曉。在美國，艾勒里‧昆恩的《希臘棺材之謎》、《X 的悲劇》等作品都是經典之作。除了歐美，偵探小說在另一個國家也漸漸嶄露頭角，這個國家就是我們的近鄰——日本。

1923 年，作家江戶川亂步發表處女作《兩分銅幣》，從此拉開了日本偵

探小說的序幕。江戶川亂步被奉為日本偵探小說的鼻祖，在日本，偵探小說被稱為推理小說，這是因為日本早期的偵探作品非常看重嚴密的推理過程，這類作品也被歸為「本格派」，江戶川亂步正是「本格派」的傑出代表。

第二次世界大戰後，日本走上艱難的重建之路，推理小說也隨之迎來了一次轉型，「社會派」推理小說出現了，代表作家是松本清張。「社會派」推理小說不再局限於案情推演，而探究犯罪的社會原因，以此揭示社會陰暗面，折射出人們內心潛在的苦悶和矛盾。「社會派」推理小說在日本經久不衰，最終迎來了它的集大成者──東野圭吾。相信讀者都看過或聽過東野圭吾最著名的作品《白夜行》；遺憾的是，《白夜行》在當年並未獲得日本推理界的最高獎項「直木獎」。但東野圭吾並未放棄，筆耕不輟，終於在 2006 年摘得夢寐以求的「直木獎」，助他獲得該獎的是他的另一部代表作《嫌疑犯 X 的獻身》。

接下來，我們就跟隨著《嫌疑犯 X 的獻身》的情節，看看推理小說中的神探是如何應用貝氏定理的思想來推演案情。

案情推演

《嫌疑犯 X 的獻身》是一個多人物視角的推理小說，我們對原著做一次改寫，以偵探湯川學的視角複述這個故事。

湯川學，後文簡稱湯川，是一名大學老師，因為他善於邏輯推理，因此草薙警官每每遇到難辦的案子便向他請教。3 月 11 日，帝都大學物理學科第十三號研究室內，湯川正在和草薙下西洋棋。草薙忽然接到電話，有突發案件，於是前去調查。幾天後，草薙帶著疑惑再次拜訪湯川，並向湯川交代了案情。

3 月 11 日上午，一位老人在舊江戶川的堤防上跑步，看到地上塑膠布的一端露出看似人腳的東西，他戰戰兢兢地掀起塑膠布，竟發現了一具屍體！警方的現場取證結果如下：屍身全裸，慘遭毀容，手指被燒過，指紋遭到破壞。死者為男性，脖子上有勒痕，此外沒有明顯外傷。屍體旁邊丟

7.4 神探貝氏：嫌疑犯 X 的獻身

下了一輛嶄新的腳踏車，兩個輪胎都被人放了氣，車上有登記編號，車把上留有指紋。在距離屍體大約一百公尺處，發現了疑似被害者的衣物，衣物塞在一斗深的桶子中，部分遭到焚燒，包括外套、毛衣、長褲、襪子和內衣。

警方對現場證據做了深入調查，有如下發現。

(1) 死者是被人往上拉扯勒死的，凶器很可能是電線，比如電暖器常用的那種空心麻花繩式的電線。

(2) 死亡時間是 3 月 10 日晚 6 點到 10 點。

(3) 屍體旁的腳踏車是 3 月 10 日晚上，在堤防附近的車站被偷的，腳踏車上留有死者的指紋。

(4) DNA 鑑定結果顯示，部分燒燬的衣物的確屬於死者。

為了確認死者身分，警方在全城蒐集失蹤者資訊，最終在一家旅店的客房裡發現了死者的毛髮和指紋，店主確認該住戶在 3 月 10 日晚上之後再沒回旅店。警方因此確認死者名叫富樫慎二。警方對富樫慎二展開調查，他們發現：富樫曾是銷售進口車的業務員，後因挪用公款被公司開除，後來富樫和妻子離了婚，但仍一直對前妻糾纏不放。警察隨即登門拜訪了富樫的前妻花崗靖子。花崗靖子有一雙「大大的黑眼珠」、「是個臉蛋小巧的女人」，她和富樫離婚已五年，很少來往。據花崗靖子說，3 月 10 日晚上，她和女兒六點半出門去看電影，然後在同一棟大樓裡的拉麵店用餐，接著又去 KTV 唱歌，十一點之後才到家。

案情調查至此，兇殺案的唯一嫌疑犯是花崗靖子，下面我們用貝氏定理來分析花崗靖子作案的可能性。

我們先來分析案發地點。屍體在堤防邊發現，並不代表案發地點就是堤防邊，因此，存在兩種可能結果。

A_1：案發地點是堤防邊；

A_2：兇手殺人後運屍至堤防邊。

在未引入其他證據前，我們可以假定這兩種情況出現的機率各為 50%。

然後我們引入兩個證據。

B_1：腳踏車上留下了死者的指紋；

B_2：死者的手被砸爛，指紋被破壞。

如果案發地點就在堤防邊，那麼死者應當是騎著腳踏車來到堤防邊，而後被害，兇手砸爛死者的手是為了破壞指紋，而後可能因為緊張忘記了腳踏車上留有死者指紋，因此 $P(B_1B_2|A_1)$ 大約為 80%；如果兇手殺人後運屍至堤防邊，那麼兇手在腳踏車上留下死者的指紋，卻又為了銷毀死者的指紋砸爛死者的手，這是明顯矛盾的兩個行為，除非兇手邏輯混亂或精神失常，因此 $P(B_1B_2|A_2)$ 大約為 5%。

我們知道，$\overline{A_1}$ 就是 A_2，$\overline{A_2}$ 就是 A_1，因此，利用貝氏定理便可以計算得到：

$$P(A_1|B_1B_2) = P(B_1B_2|A_1) \cdot P(A_1)/P(B_1B_2|A_1) \cdot P(A_1) + P(B_1B_2|\overline{A_1}) \cdot P(\overline{A_1})$$
$$= P(B_1B_2|A_1) \cdot P(A_1)/P(B_1B_2|A_1) \cdot P(A_1) + P(B_1B_2|A_2) \cdot P(A_2)$$
$$= 94.1\%$$
$$P(A_2|B_1B_2) = P(B_1B_2|A_2) \cdot P(A_2)/P(B_1B_2|A_2) \cdot P(A_2) + P(B_1B_2|\overline{A_2}) \cdot P(\overline{A_2})$$
$$= P(B_1B_2|A_2) \cdot P(A_2)/P(B_1B_2|A_2) \cdot P(A_2) + P(B_1B_2|A_1) \cdot P(A_1)$$
$$= 5.9\%$$

因此，我們幾乎可以斷定案發地點就是堤防邊。接下來，我們以案發地點在堤防邊為前提條件，計算花崗靖子是兇手的機率。由於花崗靖子是唯一的犯罪嫌疑犯，所以假定花崗靖子是兇手的機率為 80%，即先驗機率 $P(A)=0.8$。與兇手關係最大的線索是作案手法，死者脖子上的勒痕顯示，死者是被人用電線之類東西往上拉扯勒死的，我們把這條線索記為事件 B。花崗靖子身高 160 公分，是個身材纖細的弱女子，死者身高 170 公分，並非孱弱之人，而且死者並未服用任何麻醉類藥物，因此，假如花崗靖子是兇手，這樣的作案手法實在難以理解，$P(B|A)$ 大約為 5%。我們假定為

50%，可以計算得到：

$$P(A|B) = P(B|A) \cdot P(A)/P(B|A) \cdot P(A) + P(B|\overline{A}) \cdot P(\overline{A})$$
$$= 28.6\%$$

　　僅是這一個線索，便將花崗靖子是兇手的機率降低到 28.6%。警察還驗證了花崗靖子母女的電影票票根，上面的確留有二人的指紋，KTV 的服務生也在當天晚上見到了母女二人，這一切都使花崗靖子是兇手的機率不斷降低。因此，警方懷疑花崗靖子有男性共犯，案發過程可能是，花崗靖子將富樫引到堤防邊，然後由男性共犯將其殺害，至於未完全燒燬的衣物和腳踏車，可能是二人急於逃跑導致。

　　在交代完案情後，草薙警官提起了一個人──達摩石神。石神住在花崗靖子隔壁，草薙警官走訪花崗靖子時剛好碰到石神，便向他瞭解花崗靖子的情況。湯川學聽到石神的名字，不禁回憶起了大學時的往事。湯川和石神是京都大學的校友，湯川主攻物理學，石神主修數學，他們都是資優生；不同的是，湯川更加博學，石神則沉迷於數學世界。湯川對石神在數學方面的造詣十分欣賞，雖然與石神的交流不算多，但他依然能感受到二人之間彼此理解。畢業後，湯川選擇了留校，與石神一別就是二十多年。此番聽到這位「知音」的消息，有些欣喜，當晚便登門拜訪，沒想到湯川卻在會面期間覺察到了石神對靖子的愛慕，他由此開始懷疑石神。出於對老友的理解，他決定獨自調查此案，不為警方提供線索。最終，他識破了石神故布的疑陣，使石神無奈之下向警方自首。

　　石神真的是兇手嗎？他是如何故布疑陣的？

　　要知道真相，就去讀讀原著吧，相信你會愛上這部經典的推理小說！

7.5　單純貝氏：智慧分類

　　「你好，我叫杯麵，你的私人健康助理。」

電影《大英雄天團》塑造了「史上最萌機器人」——杯麵，相信看過電影的朋友都想擁有一個像杯麵一樣可愛的「私人健康助理」。所謂私人健康助理，是為個人進行健康服務的智慧機器人，比如你突然發燒了，杯麵就會對你進行全身健康掃描，測試你的體溫、白血球數量等指標，它還會詢問你的感受，然後對病情做出判斷——腸炎（或流行性感冒病毒），給你對症下藥，幫助你盡快恢復健康。我們不禁會好奇，杯麵怎麼判斷你得的是腸炎還是流行性感冒病毒呢？本節我們就來聊一聊杯麵看病的祕訣——單純貝氏分類。

單純貝氏分類是機器學習的一種方法，常用來解決分類問題。它是機率論在機器學習領域最重要的應用之一，其核心思想正是貝氏定理，也正是由於傳承於形式簡單的貝氏定理，我們才稱為「單純」貝氏分類。單純貝氏分類常常應用於醫學診斷，下面是一個典型案例。

疾病診斷

春天到了，街頭飄起了柳絮，因為柳絮過敏而就醫的人漸漸多了起來。春夏之交，流感盛行，因為感冒而就醫的人也漸漸變多。從症狀來看，柳絮過敏和感冒十分相似，醫生怎樣判斷病人是過敏還是感冒呢？

表 7-4 是某醫院門診近期的就診情況記錄，近期該醫院門診共接待了 20 位病人，症狀有「打噴嚏」和「咳嗽」兩種，男女病人數量相同，所患疾病有「感冒」和「過敏」兩種。就在這時，又來了一位病人，性別女，症狀是打噴嚏，她患感冒的機率是多少？

表 7-4　某醫院門診就診記錄

病人編號	症狀	性別	疾病
1	打噴嚏	男	感冒
2	打噴嚏	男	感冒
3	打噴嚏	男	感冒
4	打噴嚏	男	感冒
5	打噴嚏	男	過敏

7.5　單純貝氏：智慧分類

6	打噴嚏	男	過敏
7	咳嗽	男	感冒
8	咳嗽	男	感冒
9	咳嗽	男	感冒
10	咳嗽	男	過敏
11	打噴嚏	女	感冒
12	打噴嚏	女	過敏
13	打噴嚏	女	過敏
14	打噴嚏	女	過敏
15	打噴嚏	女	過敏
16	咳嗽	女	感冒
17	咳嗽	女	感冒
18	咳嗽	女	感冒
19	咳嗽	女	感冒
20	咳嗽	女	感冒

如果不使用貝氏定理，我們可能會這樣計算：表中 11～15 號病人與新來的病人症狀相同，這 5 位病人中有 1 位患有感冒，因此新來的病人患感冒的機率是 20%。

上述方法錯在把「打噴嚏」和「性別女」作為一個條件來看待，它們本是兩個彼此獨立的條件，會各自獨立地影響病人患感冒的機率，因此我們應當使用貝氏定理計算病人患感冒的機率。

由貝氏定理可得：

P(感冒 | 性別女且打噴嚏) = P(性別女且打噴嚏 | 感冒)·P(感冒) ÷ P(性別女且打噴嚏)

「性別女」和「打噴嚏」可以看作獨立事件，因此：

P(感冒 | 性別女且打噴嚏) = P(性別女 | 感冒)·P(打噴嚏 | 感冒) × P(感冒)/[P(性別女)·P(打噴嚏)]

由表中數據可知：

P(感冒)=11/20；
P(性別女)=10/20；
P(打噴嚏)=11/20；

P（打噴嚏 | 感冒）＝5/11；

P（性別女 | 感冒）＝4/11。

將上面的數值代入貝氏定理的表示式，可以計算得到：

P(感冒 | 性別女且打噴嚏)＝33%

P(過敏 | 性別女且打噴嚏)＝67%

這便是使用單純貝氏分類得到的診斷結果。

在實際應用中，醫生掌握的病人資訊會更多，醫院的就診記錄也更多，但是單純貝氏分類方法是不變的。

垃圾郵件識別

貝氏分類器的另一個典型應用是垃圾郵件識別。隨著 E-mail 的普及，垃圾郵件也越來越猖獗。只要你的 E-mail 暴露於網際網路上（比如用於帳號註冊），便會迅速成為垃圾郵件的重災區。垃圾郵件往往精於包裝，配有令人誘惑的圖片、詞彙或附件，其中隱藏著很大的風險，比如盜號木馬和網路詐騙。E-mail 用戶厭惡垃圾郵件，但手動清理費時費力，還容易誤點擊，因此 E-mail 服務商很早就開始研究垃圾郵件的自動識別方法，最終他們選擇貝氏分類器來識別垃圾郵件。

表 7-5 是一組垃圾郵件識別的基礎數據，20 封郵件中有 10 封是垃圾郵件，10 封是普通郵件，用於判別的特徵有三項——連結、圖片和附件。第 21 封郵件沒有連結，但有圖片和附件，它是垃圾郵件的機率為多少？

表 7-5　垃圾郵件識別的基礎數據

郵件編號	連結	圖片	附件	類別
1	有	有	有	垃圾郵件
2	有	有	有	垃圾郵件
3	有	有	沒有	垃圾郵件
4	有	有	沒有	垃圾郵件
5	有	沒有	沒有	垃圾郵件
6	有	沒有	沒有	垃圾郵件

7.5　單純貝氏：智慧分類

7	有	沒有	沒有	垃圾郵件
8	沒有	有	沒有	垃圾郵件
9	沒有	沒有	有	垃圾郵件
10	沒有	沒有	沒有	垃圾郵件
11	有	有	有	普通郵件
12	有	沒有	有	普通郵件
13	有	沒有	有	普通郵件
14	沒有	有	有	普通郵件
15	沒有	有	沒有	普通郵件
16	沒有	有	沒有	普通郵件
17	沒有	沒有	有	普通郵件
18	沒有	有	沒有	普通郵件
19	沒有	沒有	沒有	普通郵件
20	沒有	沒有	沒有	普通郵件

與疾病診斷不同，本例有三個特徵，這不會影響貝氏定理的使用，只是計算方式上略有不同。根據貝氏定理，可知：

P(垃圾郵件|無連結,有圖,有附件) = P(無連結,有圖,有附件|垃圾郵件)×P(垃圾郵件)/P(無連結,有圖,有附件)

P(普通郵件|無連結,有圖,有附件) = P(無連結,有圖,有附件|普通郵件)×P(普通郵件)/P(無連結,有圖,有附件)

因為我們已知：

P(垃圾郵件|無連結,有圖,有附件) + P(普通郵件|無連結,有圖,有附件) = 1

因此我們只需要計算二者的比值，就可以計算出二者的數值。

先計算如下機率：

P_1 = P(垃圾郵件) = 5/10

P_2 = P(普通郵件) = 5/10

P_3 = P(無連結|垃圾郵件) = 3/10

P_4 = P(無連結|普通郵件) = 7/10

$P_5 = P(\text{有圖} | \text{垃圾郵件}) = 5/10$

$P_6 = P(\text{有圖} | \text{普通郵件}) = 4/10$

$P_7 = P(\text{有附件} | \text{垃圾郵件}) = 3/10$

$P_8 = P(\text{有附件} | \text{普通郵件}) = 3/10$

再計算所求兩個機率的比值：

P(垃圾郵件|無連結,有圖,有附件)/P(普通郵件|無連結,有圖,有附件)
= P(無連結,有圖,有附件|垃圾郵件)·P(垃圾郵件)÷

P(無連結,有圖,有附件|普通郵件)·P(普通郵件)

= $P_1 \cdot P_3 \cdot P_5 \cdot P_7/(P_2 \cdot P_4 \cdot P_6 \cdot P_8)$

= 15/28

因此，P(垃圾郵件|無連結,有圖,有附件)=15/43=35%

也就是說，一封無連結、有圖、有附件的郵件是垃圾郵件的機率是35%，是普通郵件的機率是65%。

最後需要說明的是，單純貝氏分類器包含一個關鍵假設：各個特徵互相獨立。這個假設在大多數實際問題中都是成立的，但是我們不能因此忽略這個假設。

第八章
線性迴歸

導語：2013 年 8 月，Google 提出了一個票房預測模型，該模型僅以單詞搜索量為依據，便可以提前一個月預測電影的首週票房，準確度高達 94%。更令人驚訝的是，這是一個簡單的線性迴歸模型。Google 是如何做到的？

8.1　預測未來：以數據之名

凱文・凱利（Kevin Kelly，綽號 KK）是個難以定位的人物，他曾是科技雜誌《Wired》的主編，他是周遊世界的遊俠，他還是一位科技哲學家，曾撰寫多部科技哲學著作。KK 的第一部「神作」是 1994 年出版的《失控》，這部書不僅揭示了網路文化的內涵，甚至預言了網路文化的興起。當時這部書讀起來像一部長篇科幻小說，但網際網路摧枯拉朽般地發展印證了書中所寫。從這一點來看，KK 更像是一個科技預言家，他早於世人看清了網路文化的本質，預言了網路文化的盛行。

在凱文・凱利的新書《必然》中有這樣一段描述：

「2002 年左右，我參加了一家小公司舉辦的聚會，其間，我問這家公司的創始人賴利・佩吉：『賴利，我不懂，已經有這麼多家搜尋引擎公司了，你們為什麼還要做免費網路搜尋？』賴利・回答說：『哦，我們其實是在做人工智慧。』」

賴利・佩吉正是 Google 公司的創始人。Google 公司在千禧年一開始，

8.1　預測未來：以數據之名

就瞄準了人工智慧技術，這同樣是一次大膽的預言，事實證明，這個預言應驗了。在過去的十幾年裡，Google 收購了多達 13 家人工智慧和機器人公司，製作出了安卓手機系統、Google 地圖、Google 眼鏡、無人駕駛汽車、無人機等多款智慧產品。在 Google 看來，人工智慧並非是機器人代替人類來工作，人工智慧要做到人類做不到的事——預測未來。

Google 流感趨勢

2008 年年初，Google 推出了「Google 流感趨勢」（Google Flu Trends）。這個工具根據 Google 搜尋數據的彙總，近乎即時地對全球當前的流感疫情進行估測。當時「大數據」的概念尚未普及，數據預測技術還處於萌芽期，GFT 並未引起廣泛關注。2009 年，Google 使用 GFT 不僅成功預測到 H1N1 在全美範圍的傳播，而且對病毒爆發時間和地點判斷極其準確，媒體紛紛報導了這次令人稱奇的預測，GFT 引起了全世界的關注。與習慣性滯後的官方數據相比，Google 成為一個更有效、更及時的預測指標。

其實，Google 的工程師很早就發現：在流感季節，與流感有關的搜索量會明顯增多；到了過敏季節，與過敏有關的搜索量會顯著上升；而到了夏季，與曬傷有關的搜索量又會大幅增加。我們知道，沒有任何患病症狀的人是不會去搜尋疾病相關的關鍵詞的，因此，疾病相關的關鍵詞搜索量很可能有助於瞭解疾病的傳播和分布情況。2009 年 2 月的《Nature》雜誌刊發了一篇題為〈Detecting influenza epidemics using search engine query data〉的論文，文中介紹了 GFT 的原理。Google 以相關性為衡量指標，找到了 45 個與流感就診密切相關的搜尋關鍵詞，然後以這 45 個關鍵詞的搜索量為參考值，估算流感症狀的就診比例。圖 8-1 是預測結果與實際數據的對比圖，超前兩週的曲線表示預測結果隨時間的變化，滯後兩週的曲線表示實際就診比例隨時間的變化，兩條曲線一直十分接近，說明預測得非常準確。

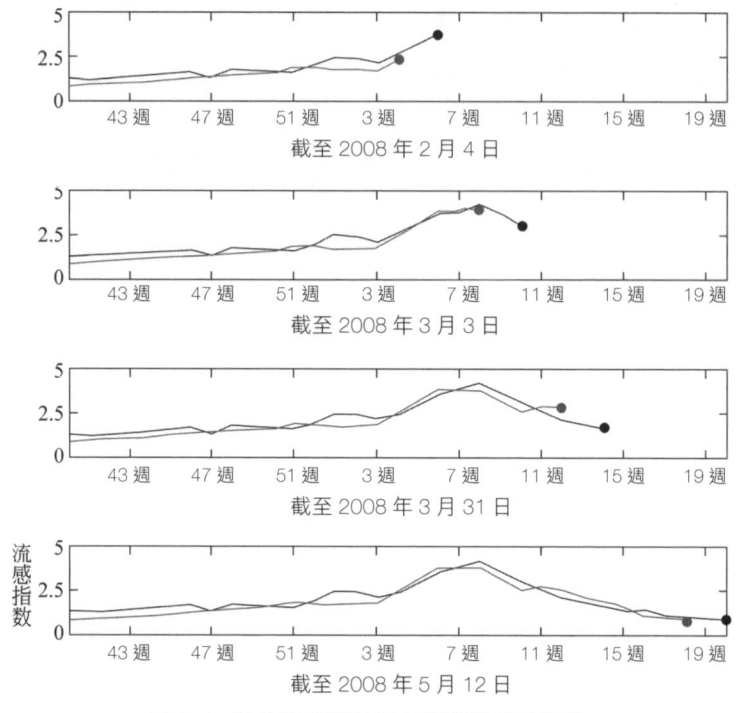

圖 8-1 GFT 的預測結果與實際數據的對比

然而，GFT 在受到世界矚目之後，卻遭遇了尷尬的「見光死」。2013 年 1 月，季節性流感再次在美國爆發，這一次 GFT 遭遇了「滑鐵盧」，它預測的就診數據比實際數據高出兩倍之多。媒體報導了 GFT 的錯誤預測，並且指出，在 2013 年之前的很長一段時間內，GFT 都高估了流感疫情。從 2011 年 8 月到 2013 年 9 月的 108 週中，GFT 高估流感疫情長達 100 週。這些錯誤不是隨機分布的，說明 GFT 的確出現了錯誤。

從精準的預測，到巨大的錯誤，GFT 的大起大落令人唏噓；但不可否認的是，GFT 是一次偉大的嘗試，是數據預測技術的一次突破，從此數據預測漸漸成為科技領域的熱門課題。

預測世界盃

隨著大數據概念的興起，眾多科技巨頭開始鑽研數據預測技術。在體

育、娛樂等領域做預測特別受到青睞，一方面可以檢驗演算法，另一方面還可以借助廣泛的球迷、影迷基礎做一次免費廣告。於是，2014 年巴西世界盃成為科技巨頭展示數據預測技術的舞台。

這一次不再是 Google 的獨角戲，微軟、高盛和中國的百度，一同玩起了「大數據預測世界盃」的遊戲。2014 年 6 月 12 日，世界盃小組賽正式開始，百度、微軟和高盛對 48 場小組賽進行了預測，百度以 58% 的準確率領先，微軟和高盛分別以 56.25% 和 37.5% 的準確率排在第二、第三位。此後，四家公司全部參與了淘汰賽階段的預測，百度和微軟準確預測了全部 16 場淘汰賽的勝負結果，以 100% 的預測準確率震驚了全世界！ Google 錯誤地預測了法國隊會戰勝德國隊，遺憾未能實現 100% 的預測準確率。

世界盃後，媒體披露了四家公司各自的預測方法。百度以過去五年國際賽事數據和 400 多家博弈公司的賠率為參考數據，計算球隊實力、近期狀態、主場效應、博弈數據和大賽能力五項指標，採用多源數據融合技術進行預測；Google 則只以 Opta Sports 網站的比賽數據為參考數據，計算各球隊和球員的技戰術能力指標，然後採用電腦排序演算法進行預測。預測錯誤之後，Google 官方部落格稱，德國隊和法國隊的比賽預測失敗的最重要原因是，賽事數據量過大以及球員跑動射門等指標的錯誤計算。

僅靠一次世界盃的預測結果，並不能說明哪一種數據預測方法更有效。時至今日，數據預測仍然是一門新興技術，機率統計、機器學習、深度學習甚至數據融合都可以應用到數據預測中。接下來，我們就來學習機率統計中的數據預測技術──迴歸分析。

8.2 線性迴歸：奇準的票房預測

2013 年 8 月，Google 公司把大數據技術成功應用到電影票房的預測上，並撰文公布了研究成果 *Quantifying Movie Magic with Google Search*。該報

告稱，Google 的預測模型可以提前一個月預測電影上映的首週票房，準確度高達 94%。令人吃驚的是，Google 並沒有蒐集各種電影相關的數據來提高預測準確度，而是僅僅使用了他們自有的數據——單詞搜索量，而且，Google 的預測模型居然是機率統計中最簡單的線性迴歸模型。

據 Google 統計，從 2011 到 2012 年，Google 的電影相關搜索量增長了 56%，正是由於人們越來越多地使用 Google 搜尋電影相關資訊，才使得 Google 萌發了票房預測的想法。Google 的工程師畫出了 2012 年電影相關的搜尋總量和票房總收入的曲線圖，如圖 8-2 所示，實線表示電影相關關鍵詞的搜索量隨時間的變化趨勢，虛線表示電影票房隨時間的變化趨勢，兩條曲線的起伏變化十分相似。

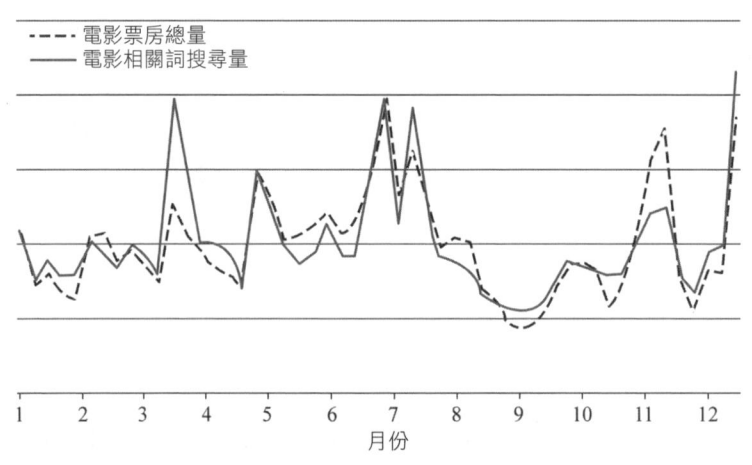

圖 8-2　2012 年電影票房和電影相關詞搜索量隨時間的變化曲線

如此相似的兩條曲線激起了 Google 工程師的好奇心，這似乎預示著兩條曲線存在很強的相關性。Google 的工程師將電影搜尋進而分為兩類——電影名搜尋和電影相關詞搜尋，並畫出兩類搜索量和票房收入的關係。如圖 8-3 所示，虛線仍然表示電影票房隨時間的變化趨勢，起伏較大的實線表示電影名搜索量隨時間的變化趨勢，較平坦的實線表示電影相關詞的搜索量隨時間的變化趨勢。圖 8-3 中曲線顯示，電影名往往比電影相關詞的搜索量更大，但在電影上映的淡季（圖 8-3 中陰影部分），電影相關詞的搜索量

8.2 線性迴歸：奇準的票房預測

反超了電影名的搜索量，這是因為那時沒有好看的電影，人們會轉而搜尋諸如「好萊塢電影」、「功夫片」之類的詞彙。兩類關鍵詞搜索量的變化趨勢與票房變化趨勢仍然十分相似。

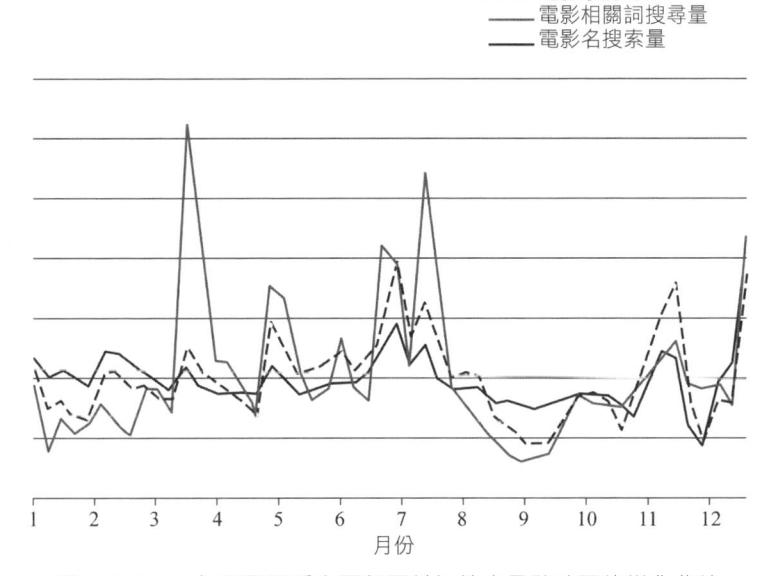

圖 8-3　2012 年電影票房和兩類關鍵詞搜索量隨時間的變化曲線

前面的研究似乎說明了搜索量和票房之間強烈的相關關係，所以，Google 要再進一步：提前一週預測一部電影的票房。Google 選取了 2012 年上映的 99 部電影，畫出了搜索量和票房的關係圖，並試圖構建一個線性模型，可是預測準確度只有 70%，如圖 8-4 所示。為了提高預測準確度，Google 需要蒐集更多的數據，經過反覆的試驗，它們選定了放映前一週的搜索量、廣告點擊量、上映影院數量和同系列電影前幾部的票房表現四類指標，重新構建線性模型，將預測準確率一舉提高到了 92%。

可惜的是，提前一週預測票房對電影的行銷幾乎沒有幫助，因為在電影上映前一週，行銷策略幾乎無法更改，即使更改，效果也來不及體現。因此，Google 需要挑戰更高的難度——提前一個月預測。

在電影上映前一個月，電影的搜索量還不夠多，難以用來預測，

189

Google 挖掘出了另一個更有說服力的指標——電影預告片的搜索量。現在，幾乎每部電影都會在放映前投放預告片，觀眾也喜歡在影片上映前搜尋預告片來觀看，因此，Google 將預告片的搜索量作為票房預測的一個指標。除此之外，Google 還選擇了以同系列電影前幾部的票房和檔期的旺季淡季特徵作為參考指標，使用這些指標構建的線性模型最終實現了準確率高達 94% 的預測。

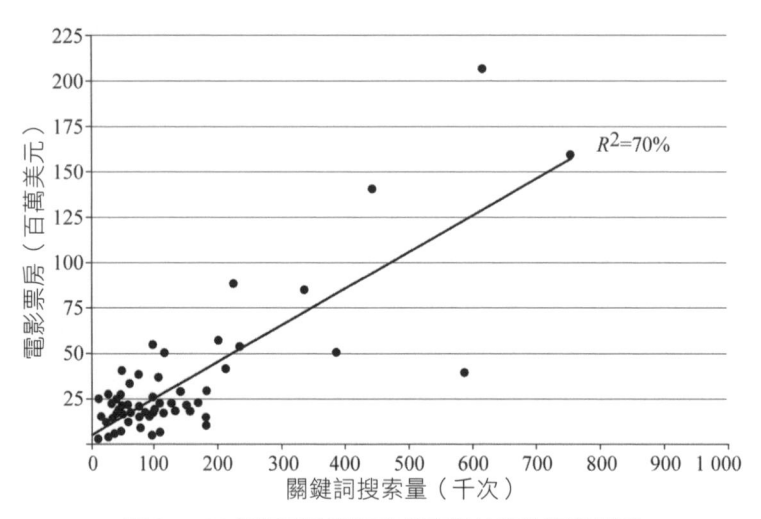

圖 8-4　99 部電影的票房和搜索量的線性迴歸模型

線性迴歸

　　迴歸分析是一種統計分析方法，用於研究多個統計量之間的關係，並利用關係進行預測。線性迴歸模型是最簡單的迴歸分析模型，下面我們嘗試複製 Google 的分析過程，應用線性迴歸來預測票房。

　　圖 8-5 是電腦模擬生成的 500 個數據點，每個點表示一部電影，橫座標是預告片搜索量，縱座標是票房。圖 8-5 稱為散布圖，是統計分析中最簡單、最常用的圖，用於對數據的規律做初步觀察。觀察圖 8-5 可以發現，這些數據點大多分布在一條直線附近，這條直線代表了這些數據的分布規律，線性迴歸要做的就是根據散布圖找到這條直線，這一過程也稱為線性

8.2 線性迴歸：奇準的票房預測

擬合。

　　設迴歸直線的方程式是 y=ax + b，x 表示預告片搜索量，y 表示首週票房。線性迴歸的目標是找到最能體現數據特徵的直線，也就是說，這條直線需要盡可能地「接近」所有數據。衡量多個點和一條直線之間的「接近程度」，最常用的指標是最小平方和。圖 8-6 是最小平方和的一個示意圖，基礎數據包含 4 個點（圖中的空心圓圈），這 4 個點的 X 座標分別對應迴歸直線上的四個 Y 座標，圖中四條虛線的長度的平方和就是最小平方和，使最小平方和最小的那條直線就是最佳迴歸直線，這種求解方法也稱為最小二乘法。

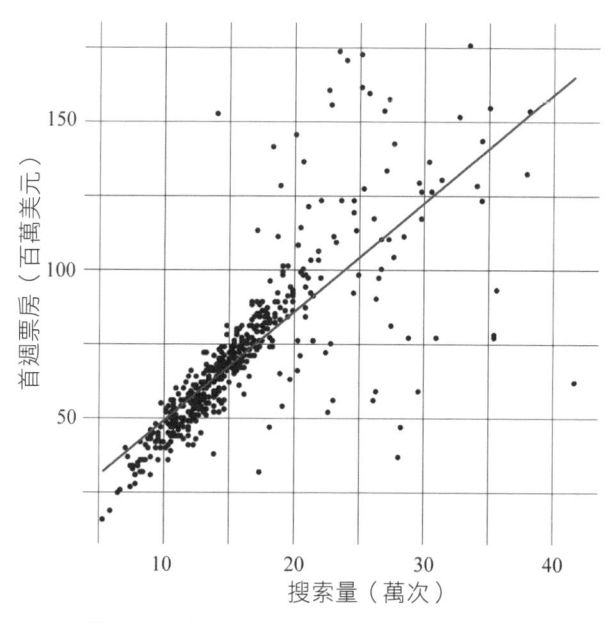

圖 8-5　首週票房和預告片搜索量的散布圖

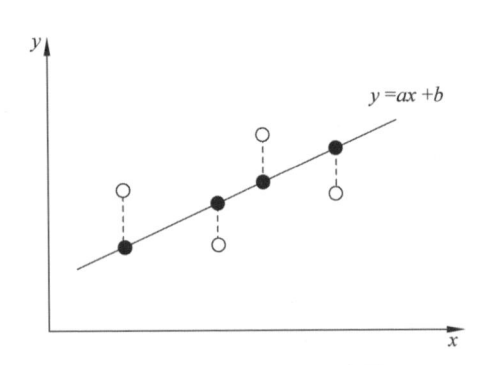

隨機的世界：大數據時代的機率統計學

圖 8-6　最小平方和示意圖

當最小平方和達到最小值時，可以計算出 a 和 b 的值為：

$$a = \frac{\sum(X_i-\overline{X})(Y_i-\overline{Y})}{\sum(X_i-\overline{X})^2}$$

$$b = \overline{Y}-a\overline{X}$$

至此便計算出了最佳迴歸直線的表示式。

在處理線性迴歸問題時，我們可以把數據代入公式中進行計算，也可以使用統計軟體，如 Excel、R、SPSS 等常用統計軟體都有線性迴歸函數，我們只需要做少量的操作或編碼就可以計算出線性迴歸的結果。

經計算，票房和搜索量的線性迴歸直線方程是：

$$y=3.5x + 13.6$$

這條直線代表了票房和搜索量之間的關係，如圖 8-7 所示。我們可以使用這條直線來預測票房，比如，某部即將上映的影片，預告片搜索量是 12 萬次，即 x=12，根據直線方程可以計算出 y=55.6，因此我們預測這部影片的首週票房是 55.6 萬美元。

8.2 線性迴歸：奇準的票房預測

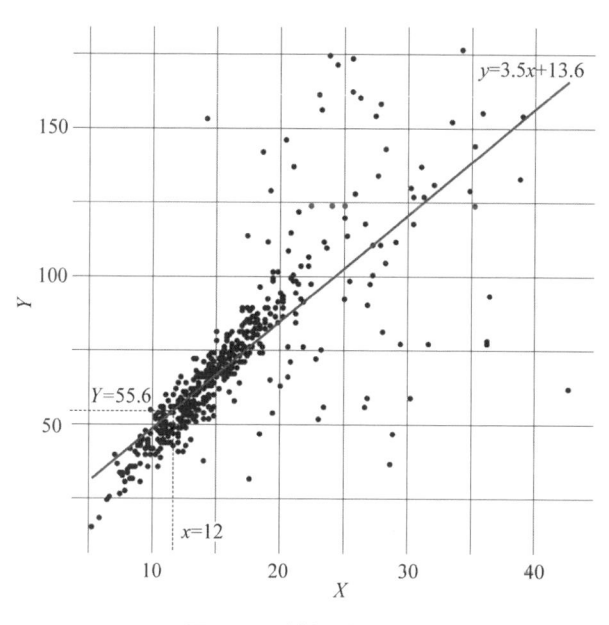

圖 8-7 線性迴歸結果

除了直線方程式，我們還可以計算另一個量化指標——相關係數。相關係數可以幫助我們判斷兩個變量的線性相關關係。此前，我們觀察散布圖，已經發現票房和搜索量之間近似存在線性相關關係，這只是感性判斷，相關係數是對線性相關關係的理性判斷。

相關係數 r 的計算公式為：

$$r = a \times S_x / S_y$$

a 是直線方程中的 a，S_x 表示 X 的標準差，S_y 表示 Y 的標準差。如圖 8-8 所示，r 可以是 -1～1 的任意數值，其中最特別的三個數值是 -1、1 和 0，含義如下：

r ＝ -1 表示 y 和 x 存在負相關關係，即 a 是負數；

r ＝ 1 表示 y 和 x 存在正相關關係，即 a 是正數；

r ＝ 0 表示 y 和 x 不存在任何線性相關關係，即 a＝0，不存在迴歸直線。

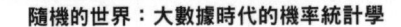

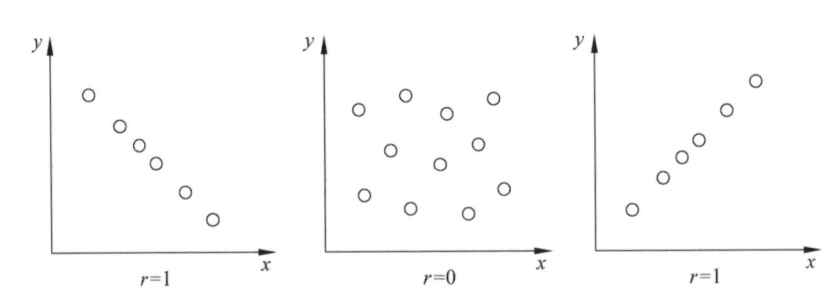

圖 8-8　線性相關係數 r 的示意圖

在實際問題中，r 的值大多不會是 -1、1 或 0，但我們可以借助它們的含義來判斷線性相關關係。比如，當 r=0.9 時，我們認為 r 的值接近 1，y 和 x 存在近似的正相關關係；當 r=-0.9 時，我們認為 r 的值接近 -1，y 和 x 存在近似的負相關關係；當 r=0.05 時，我們認為 r 的值接近 0，y 和 x 幾乎不存在線性相關關係。

至此，我們計算出了線性迴歸方程和線性相關係數，這只是線性迴歸分析的第一步。接下來我們還要對線性迴歸的結果進行評估和改進。

8.3　適合度評估：適合度檢定與分區段適合度檢定

適合度檢定

Google 曾在電影票房預測模型中提到，它的預測可以達到 94% 的準確率，如圖 8-9 所示。這裡提到的「94% 準確率」很容易被誤解為，平均 100 部影片有 94 部能預測正確，或者預測結果與實際票房相差 6%。這兩種理解都不對。94% 代表的是線性迴歸模型的適合度檢定。

8.3 適合度評估：適合度檢定與分區段適合度檢定

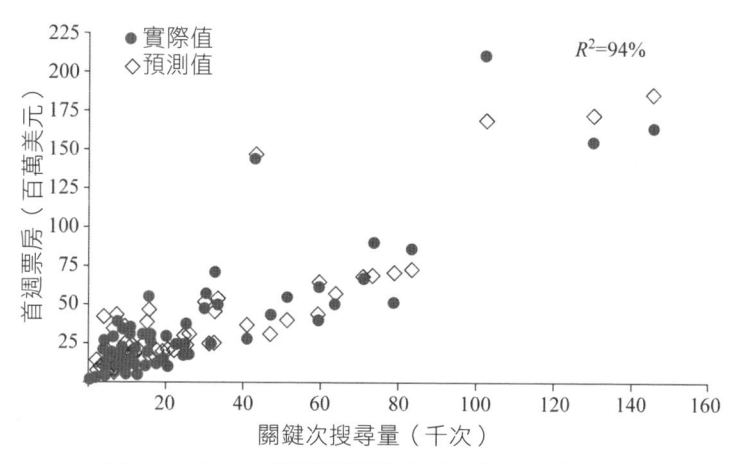

圖 8-9　Google 票房預測模型可達到 94% 的準確率

適合度檢定，亦稱決定係數、判定係數，是用於評價線性迴歸模型有效性的指標，記為 R^2。適合度檢定的取值在 $0 \sim 1$，越接近 1，模型越有效，越接近 0，模型越無效。適合度檢定的計算公式為

$$R^2 = SSR/SST = 1 - SSE/SST$$

其中，SST（Sum of Squares for Total, SST）表示總平方和，SSR（Sum of Squares for Regression, SSR）表示迴歸平方和，SSE（Sum of Squares for Error, SSE）表示最小平方和，三者之間的關係是 SST＝SSR ＋ SSE，三者的計算公式為

$$SST = \sum(y_n - \bar{y})^2$$
$$SST = \sum(\hat{y}_n - \bar{y})^2$$
$$SST = \sum(\hat{y}_n - y_n)^2$$

其中，y_n 表示第 n 個樣本，表示第 n 個樣本的預測值，表示樣本平均數。

將上一節的基礎數據做線性迴歸，可以得到 R_2＝61.4%，這就是迴歸直線 y＝3.5x ＋ 13.6 對應的適合度檢定。

在上一節中，我們曾提到過最小平方和 SSE，根據最小平方和的定義，它可以用來衡量適合度，為什麼不用 SSE 而要用 R^2 呢？因為 SSE 不具備

可比性，R^2 具備可比性。SSE 是一個絕對數值，對於同樣一組數據，不同的擬合結果之間可以用 SSE 來對比，SSE 越小，適合度越高。可是，在實際問題中，數據常常是動態變化，不同的數據得到的適合度結果，無法用 SSE 來對比，因為 SSE 與數據量有關。R^2 是一個相對數值，它有明確的取值範圍，取值的邊界也有明確的意義，不同的數據計算出的 R^2 與數據量無關，因此不同適合度結果的 R^2 可以進行對比，R^2 越接近 1，適合度越高。Google 票房預測模型的適合度檢定達到 94%，十分接近 1，說明適合度非常高。

分區段適合度檢定

線性迴歸也有自己的局限性。觀察圖 8-10 可以發現，所有已知電影的搜索量都分布在 5 萬到 43 萬次這個區間內，這說明適合度檢定得到的直線只能用於預測這個區間內的電影票房，如果某部電影的預告片搜索量是 4 萬次或 44 萬次，適合度檢定結果將無法做出準確的預測。此外，在 5 萬到 43 萬次這個區間裡，預測效果也是有區別的，當搜索量處於 5 萬到 20 萬次時，迴歸直線與基礎數據更接近，預測效果也越好，當搜索量處於 20 萬到 43 萬次時，迴歸直線與基礎數據相距更遠，預測效果並不好。這提示我們，可以將這兩個區間分別做線性迴歸，這就是分區段適合度檢定。

8.3 適合度評估：適合度檢定與分區段適合度檢定

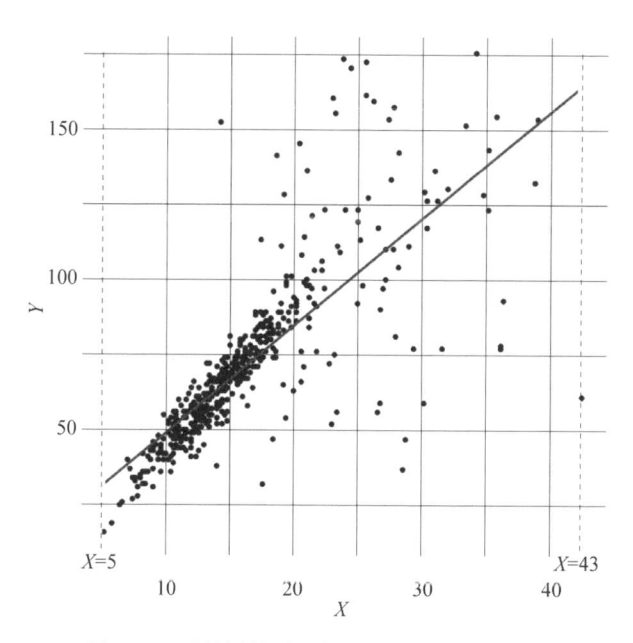

圖 8-10　對線性迴歸結果的再觀察（萬次）

我們將基礎數據分為 X≤20 和 X＞20 兩部分，分別進行線性迴歸，可以得到兩條迴歸直線，如圖 8-11 所示。

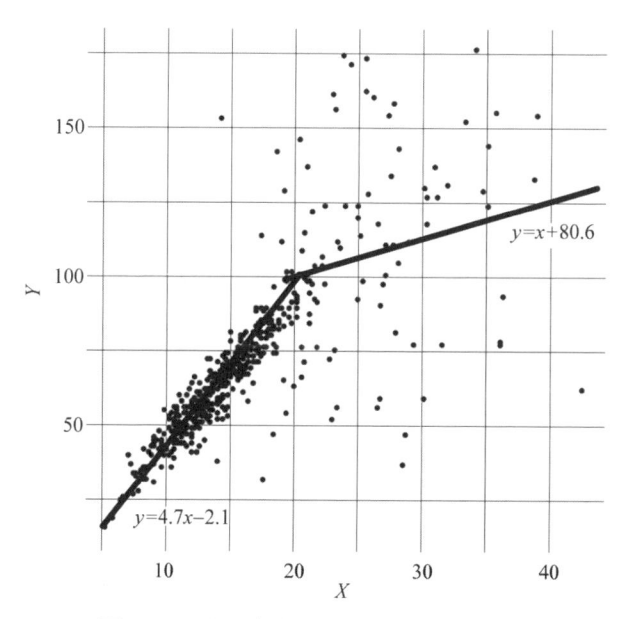

圖 8-11　分區段適合度檢定結果（萬次）

當 X≤20 時，迴歸直線方程為：y＝4.7x－2.1，適合度檢定為 72.6%。

當 X＞20 時，迴歸直線方程為：y＝x＋80.6，適合度檢定為 3%。

相比於只做一次線性迴歸，分區段適合度檢定提高了 X≤20 時的適合度檢定，X≤20 時迴歸模型對 Y 值的預測會更準確。X＞20 時，適合度檢定只有 3%，說明適合度較差，這個區間的預測準確率也會比較低。

過適

既然可以分兩個區段適合度檢定，能否分三個、四個、五個甚至十個區段呢？是不是區段劃分得越多，模型的適合度越高呢？答案是否定的，因為存在過適現象。

過適，圖 8-12 是過適的典型案例。基礎數據被強行劃分為多個區間，分別進行線性迴歸，得到多條迴歸直線。這樣的劃分看似精益求精，卻違背了線性迴歸的核心思想：尋找數據的隱含規律。迴歸直線並不是要把已知數據連接起來，而是從全局的角度描述數據的隱含特徵，數據並不需要全部落在迴歸直線上，因為誤差總是存在的。「過適」沒有公認的判斷標準，只能靠我們在實踐中學習體會。

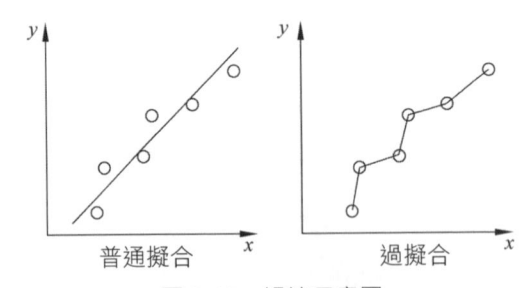

圖 8-12　過適示意圖

模型有效性

雖然 Google 的票房預測模型在 2013 年取得了成功，但這並不意味著該模型始終有效。Google 的預測模型存在兩個不穩定因素：一是前提條件

8.3　適合度評估：適合度檢定與分區段適合度檢定

不明確,任何預測方法都依賴前提條件,觀眾改變了對搜尋引擎的使用習慣,或者電影預告片不再受寵,都會降低預測模型的準確率;二是相關關係不明確,如果線性迴歸中的參數 a 和 b 有明確的現實意義,模型的說服力會更強,也更容易辨識模型何時有效、何時無效,但在 Google 的票房預測模型中,票房和搜索量之間的線性相關關係是巧合還是必然,很難說清,這給模型帶來了很大的不確定性,所謂的奇準預測可能只是曇花一現。

　　無論是線性迴歸,還是其他預測模型,我們都需要弄清楚模型的依賴條件和模型的現實意義,只有明確了這兩點,才能明確預測模型何時有效、何時無效,從而避免模型的誤用。

　　正所謂「理想豐滿,現實骨感」,雖然利用數據預測未來讓人著迷,卻不易做到。以 Google 為代表的高科技公司正在帶領我們揭開數據的神祕面紗,期待不久的將來,它們還會帶給我們新的驚喜!

第九章
漫談機率統計

導語：學了機率統計，應該懂得哪些常識？機率統計隱含了哪些認知？常用的統計軟體有哪幾類？大數據究竟是什麼？最後一章，我們一起來聊聊機率統計那些事。

9.1　觀念導正：機率統計常識

　　連岳是我非常喜歡的自由撰稿人，不久前的「廣東口腔科醫生遭患者襲擊身亡」事件之後，連岳撰文〈真相好比兇殺現場〉，對當下的醫患關係做了一番評論，其中的一段是這樣寫的：

　　患者及醫生普遍存在一種錯誤觀念：醫生被美化為白衣天使，彷彿他們是另外一群特別神聖的人，不少醫生也持這種自我認同……醫生應該改變的觀念是：承認自己是自利人，不要再當天使，連比喻都不行。你要勇敢説：「我努力學習、努力工作，就是為了多賺錢。」

　　患者的觀念錯誤在於，許多人並不知道治病也是個機率事件。感冒不吃藥，100% 好；阿茲海默症，怎麼吃藥，100% 好不了。很多危重疾病，似乎有些希望，但即使大家都盡力，可能也治不好。錢花光了，人又死了，一肚子懊悔、心疼和怨氣要找出氣口，覺得醫生神情可疑，自己聽傳聞、隨意搜尋，被害情結越來越重——然後，只要 1% 的人失控，襲擊醫生的新聞就不少了。

　　在一個環境裡，雙方不開心，衝突的可能性肯定增大。

9.1 觀念導正：機率統計常識

　　這段精鍊的評論裡提到了一個醫學常識：治病是個機率事件。有些病，比如感冒，治好的機率幾乎是100%；而另一些病，比如阿茲海默症（俗稱老年痴呆），以當下的醫學水準，治好的機率幾乎是0。懂了這個機率常識，可以幫助我們正確看待絕症——即便醫生和家屬都全力以赴，治癒的可能性也微乎其微。

　　懂一點機率統計的常識，往細部看，可以讓你變得更聰明；往大方向說，可以矯正你的觀念。下面，我們就來聊聊機率統計中幾個不可不知的常識。

機率統計是「事後諸葛亮」

　　在拋硬幣實驗中，假如前九次都是正面朝上，第十次應當反面朝上了吧？

　　這是一個常見的認知錯誤——用機率統計結果做預測。這是因為人們普遍對大數法則心存誤解。在拋硬幣的問題中，提問者大約是這麼想的：每一次拋擲，正反兩面朝上的機率各為50%，如果前九次都是正面朝上，在隨後的拋擲中出現反面的次數應該更多，否則就不符合50%機率的前提條件，因此第十次更可能是反面朝上。

　　這個想法犯了兩個錯誤。其一，大數法則告訴我們，反覆拋擲硬幣多次，反面出現的次數占總次數的比例會越來越接近50%。注意，是「接近50%」，而不是「等於50%」。「接近」是相對的，2%比1%更接近50%，雖然它們都離50%遠著呢；同時，「接近」是模糊的，是48%算接近，還是49%算接近，沒人說得清。其二，大數法則是一個「描述性」的客觀規律，所謂「描述性」指的是它只能事後描述拋擲結果，卻無法決定任何一次拋擲的結果。在拋硬幣實驗中，每一次拋擲都是獨立事件，正反兩面出現的機率永遠各為50%。你會不會猜中第十次拋擲的結果，只關乎運氣。

203

條件改變機率

小鎮昨夜發生了兇殺案,考慮到近十年來小鎮只發生過兩次兇殺案,應該很久不會再發生兇殺案了吧?

這是另一個常見的認知錯誤。雖然小鎮平均五年才發生一次兇殺案,但是如果昨夜的案犯仍然在逃,小鎮再次發生命案的機率將突然提高,因為「案犯在逃」這個條件改變了兇殺案發生的機率。

條件機率是機率統計中最實用的概念,與之對應的貝氏定理則是最實用的計算公式。當我們需要計算某一個隨機事件發生的機率時,類似事件的統計結果只能作為「先驗機率」,盡可能多地掌握已知條件才能提高預測的準確率。

在「貝氏定理」一章中,我們曾提到,連環恐怖攻擊不是巧合。僅從統計數據上看,「恐怖分子駕機撞世貿中心大樓」是不折不扣的小機率事件,然而在全球自殺式襲擊數量飆升、蓋達組織越發猖獗的前提條件下,這一事件發生的機率則在悄然提升。當第一架被劫飛機撞向世貿中心大樓時,這一機率躍升至38%,當第二架飛機再次撞向世貿中心大樓時,發生這一事件的機率飆升至99%,幾乎成為必然事件。事實上,第三架被劫飛機撞向了華盛頓五角大樓,第四架被劫飛機意圖撞向白宮國會大廈,被機上乘客拚死阻止,最終墜毀。恐怖攻擊總是連環發生,這不僅不是巧合,甚至是必然,正應了中國那句老話──禍不單行。

條件機率和貝氏定理提醒我們,不要盲目相信統計數據,前提條件會大大改變一個事件發生的機率。

平均數不是唯一特徵

每年都會發布「平均薪資」的統計數據,媒體報導平均薪資時常常使用「你拖後腿了嗎?」、「你被平均了嗎?」之類的標題,很容易引起群眾的熱議。僅僅將自己的薪資和平均薪資作對比,就能知道自己有沒有「拖

9.1 觀念導正：機率統計常識

後腿」嗎？

表 9-1 是三組月薪調查數據，三組數據的平均數都是一萬元，於是我們告知被調查人員，平均月薪是一萬元，想想看，三組人員會有怎樣的反應？第一組的大多數人會欣然接受這個結果，第二組是有人歡喜有人愁，第三組的大多數人會即刻加入「吐槽水軍」，高呼自己「被平均了」。可見，平均數相同並不意味著一切都相同，平均數不是統計數據的唯一特徵，標準差、最大（小）值、中位數等都是數據的特徵，它們的作用是平均數無法替代的。

表 9-1　三組月薪調查數據　　單位：元

人員編號	第一組	第二組	第三組
1	11,000	15,000	80,000
2	11,000	13,000	6,000
3	11,000	12,000	3,000
4	10,000	12,000	2,000
5	10,000	10,000	2,000
6	10,000	8,000	2,000
7	10,000	8,000	2,000
8	9,000	8,000	1,000
9	9,000	8,000	1,000
10	9,000	6,000	1,000

表 9-2 是三組數據的統計特徵彙總表，從表 9-2 中可以看到，三組數據只有平均數是相同的，其他統計特徵各不相同，對比三組數據的統計特徵可以得到新的認知。比如，第一組和第二組的標準差相比平均數都較小，而第三組數據的標準差達到了 24,640 元，是平均數的近 2.5 倍，這說明第三組數據分布得極其分散，從最大值、最小值的對比也可以得到相似的推斷。又如，第三組數據的中位數和四分位數都在 2,000 元、3,000 元附近徘徊，相比平均數小很多，這說明有少數很大的數據將平均數拉升到 10,000 元，反觀第一組和第二組數據，就沒有這種現象。

平均數的確是數據的重要統計特徵，但同時它只是一個統計特徵，只

205

有掌握了標準差、最大（小）值、中位數等多個統計特徵，才能既全面又準確地解讀出數據的內涵。

表 9-2　三組月薪數據的統計特徵　　單位：元

統計特徵	第一組	第二組	第三組
均值	10,000	10,000	10,000
標準差	816	2,867	24,640
最大值	11,000	15,000	80,000
最小值	9,000	6,000	1,000
中位數	10,000	9,000	2,000
四分位數	Q1：11,000 Q3：9,000	Q1：12,000 Q3：8,000	Q1：3,000 Q3：1,000

出場順序無礙競賽公平

選秀節目五花八門，「中國好聲音」尋找最美的聲音，「最強大腦」尋找最聰明的大腦。無論哪個節目，參賽者都會按照抽籤順序依次出場，那麼，出場順序對參賽者的成績有沒有影響？第一個出場最不利，還是最後一個出場最不划算？我們一起來算一算。

三位選手 A、B、C 一同參加一個知識問答比賽，比賽規則是，選手從 20 張卡片中隨機抽出一張，回答卡片上的 5 個問題，全部回答正確，就能贏得豪華雙人遊的機會。A 能答對 20 張卡片裡的 9 張，那麼，對 A 來說，第幾個出場勝算最大？

如果 A 第一個出場，答對問題的機率很明顯是 9/20。

如果 A 第二個出場，就需要分兩種情況，前一個選手抽走了九張卡片中的一張，並且 A 答對問題的機率是 (9/20)×(8/19)，前一個選手未抽走九張卡片中的任一張，並且 A 答對問題的機率是 (11/20)×(9/19)，兩個機率相加，A 答對問題的機率仍然是 9/20。

讀者可以算一算 A 第三個出場時答對問題的機率，結果仍是 9/20。因

此，僅從機率的角度來看，無論第幾個出場，A 獲勝的機率都一樣，也就是說，出場順序並不會妨礙比賽的公平。

9.2　後設認知：機率統計之「道」

老子曰：「道可道，非常道。」意思是，道是可以被闡述的，但可以被闡述的道不是真正的道；更平易近人的說法是：道，只可意會，不可言傳。老子所謂的「道」，是個抽象的指代，指的是「自然之道，萬物之道」，這與當下的一個認知心理學概念頗為相似 —— 後設認知。後設認知指的是對認知的認知，比如學習如何學習、思考如何思考，它是方法背後的思想，技術背後的理念，每一門學科都可以提煉出後設認知，這一節我們就來聊聊機率統計的後設認知。

檢驗確保正確

小學一年級時，我們剛剛學習加減法，常常算錯，老師會教我們做驗算。如果是加法運算，就用結果減去加數，查看等不等於被加數；如果是減法運算，就用結果加上減數，檢查是否等於被減數。

驗算在數學中是必不可少的步驟，它幫助我們識別出錯誤計算，提高正確率。假設檢定是機率統計的常用檢驗方法，任何涉及統計量的計算，都需要對計算結果做假設檢定，這在「假設檢定」、「線性迴歸」中都可以看到。只有經得起檢驗的結果才是正確可信的結果。

對比獲得真知

佛說，要把一根繩子變短，只需找來一根更長的繩子。

在機率統計中，這句話蘊含的道理就是一個詞 —— 對比。正如上一節

中平均薪資的例子，僅僅知道平均薪資的數值是遠遠不夠的，要深入理解數據，就要做很多對比，不同城市的平均薪資對比、同一城市不同行業的平均薪資對比、平均薪資與薪資標準差對比、平均薪資與薪資中位數對比等等，這些對比會加深我們的認識，幫助我們理解數據的內涵。

提防線性思維

問題1：假定每一年都是365天，要使「至少兩個人的生日為同一天」的機率達到100%，至少需要多少人？

答：366人。

問題2：假定每一年都是365天，要使「至少兩個人的生日為同一天」的機率達到50%，至少需要多少人？

答：23人。

我沒寫錯答案，不是183人，是23人。計算過程如下所述。

兩個人時，要使他們的生日不同，只需讓第二個人的生日避開第一個人，所以機率是364/365，兩人生日相同的機率是1—364/365＝0.003。

三個人時，要使他們的生日不同，需要第二個人的生日避開第一個人，同時第三個人的生日避開前兩個人，所以機率是：

$$1-(364/365)\times(363/365) = 0.01$$

按照這個方式，便可以計算 n 個人中，至少兩人同一天生日的機率是：

$$1-(364/365)\times(363/365)\times(362/365)\times\cdots\times(366-n)/365$$

當 n＝23 時，這個機率便超過了50，因此第二個問題的答案是23。

之所以很多人認為是183人，是因為他們把第二個問題想成了「至少一個人與你的生日相同，至少需要多少人」。兩個問題的不同點在於，「與你生日相同」是線性的，「至少兩人生日相同」不是線性的，是網狀的。試想A、B、C三個人的情況，B或C與A同一天生日滿足問題中的條件，

9.2 後設認知：機率統計之「道」

同時 B 和 C 同一天生日也滿足四個人、五個人的情況將更複雜，每個人都可能與其他人生日相同，這將構成一個龐大的機率網路，必定不能用線性思維去解釋。

回到第一個問題，為什麼答案是 366 人？因為問題中的說法是「達到 100%」，而不是「接近 100%」。利用上面的公式可以計算出，當 $n=50$ 時，至少兩人生日相同的機率就會達到 97%，十分接近 100%，人數的進一步增加只會把這個機率緩慢地推向 100%。

這是機率統計中經典的生日謎題，它提醒我們，簡單的線性思維很可能出現錯誤，在解答問題前，要給問題定性，只有線性的問題才能用線性思維求解。

總是反過來想

投資大師查理‧芒格曾在演講中提到一個鄉下人的故事，這個鄉下人說：「要是我知道我會死在哪裡就好了，這樣我就永遠都不會去那個地方。」看似調侃的一句話，包含了查理‧芒格最重要的思維方式，他稱為「總是反過來想」。

在機率統計中，我們稱為「反證法」。當你要證明某個參數等於某個數值時，最好的辦法就是反證法，首先假設等於關係成立，再由此得到推論，如果推論與已知條件存在矛盾，說明假設是錯的，即等於關係不成立，反之則成立。假設檢定正是沿用了反證法的思路，唯一不同的是，假設檢定是以顯著水準的形式作出判斷，但這並不影響反證法本身。

「如果我不能比全世界最聰明、最有能力、最有資格反駁這個觀點的人更能夠否定這個觀點，我就不配擁有這個觀點。」這是查理‧芒格的另一句名言，可謂逆向思維的最高境界，在此送給讀者，與君共勉。

模糊的正確勝過精確的錯誤

華倫·巴菲特：「我寧要模糊的正確，也不要精確的錯誤。」

經歷過 2008 年金融危機的人，都會明白巴菲特這句話的含義。就在中國股市如火如荼之時，巴菲特卻在以 13 港幣的價格陸續減持中石油 H 股，後來中石油在迴歸 A 股的利好刺激下衝高至 20 港幣，巴菲特因此錯過了將近 50% 的收益。大浪淘沙，只有時間能說明一切。2008 年年底，沒有人再會嘲笑巴菲特損失的「區區」50% 收益，相比於 50% 的收益，50% 的損失對投資者的傷害要大得多。「模糊的正確」，是給股票的內在價值劃定一個區間，這勝過一個貌似精確實則錯誤的數字，這就是巴菲特的哲學。

在機率統計中，也會有很多模糊的說法，比如：「二八法則」指的是指數分布的特徵，未必要精確符合20%的人掌握80%的財富這個比例；又如，為了節約計算成本，我們常常使用帕松分布代替二項分布。

有時，我們放棄了「精確」，卻可以得到「正確」、「安全」、「快捷」，甚至更多。

9.3 兵器譜：統計軟體大盤點

工欲善其事，必先利其器。行走江湖，行俠仗義，一件稱手的兵器必不可少，在當下資訊爆炸的時代，統計軟體就是統計分析人員必不可少的兵器，下面我們就來列舉一些統計軟體的「兵器譜」。

統計軟體可以分為通用軟體、商用軟體和開源軟體三類（如圖 9-1 所示）。

9.3　兵器譜：統計軟體大盤點

図 9-1　常用統計軟體

通用軟體

　　通用軟體毫無疑問指的是 Excel。Excel 是微軟辦公套件中的一個軟體，適用於 Windows 平台，可以用於資料處理、統計分析和圖表繪製，在管理、財務、金融等諸多領域被廣泛使用，是眾多職場人士的必備軟體。在統計分析方面，Excel 可以計算資料的統計特徵（平均數、變異數等），繪製各類統計圖表（散布圖、柱狀圖、圓餅圖等），還可以進行初級統計分析（變異數分析、線性迴歸等）。便捷的操作是 Excel 的一大優勢，但是如果你要處理成千上萬行的資料，這一優勢會瞬間消失：一來龐大的資料會占用大量記憶體，導致軟體當掉；二來你不得不花費大量時間練習使用，甚至自定義大量的快速鍵，以應付螢幕上無法顯示全部資料的尷尬局面。所以說，Excel 適合對少量資料做簡單的統計分析。

　　Numbers 軟體是 MAC 平台上的資料處理軟體，它既可以用於計算資料的統計特徵，還可以繪製各類 2D 和 3D 的圖表，但是不具備統計分析功能。與 Excel 相似的是，Numbers 也不適合處理大量資料。Numbers 和 Excel 單向兼容，Numbers 文件可以保存為 Excel 文件，反向則不支持。

商用軟體

商用軟體指的是 SPSS、SAS 和 BMDP，三者並稱世界三大統計軟體，是為統計分析人員打造的專業工具，均為付費軟體。

統計產品與服務解決方案（Statistical Product and Service Solutions，SPSS）。1968 年，美國史丹佛大學的三位研究生開發完成了 SPSS——世界上最早的統計分析軟體，同時成立了 SPSS 公司。2009 年 7 月，IBM 公司收購了 SPSS 公司，現在 SPSS 軟體屬於 IBM 公司的產品。SPSS 的界面風格與 Excel 類似，提供了非常豐富的統計分析模型，包括時間序列分析、邏輯迴歸、集群分析等高階分析工具，並可以輸出各種精美的圖表，主要運行於 Windows 平台。SPSS 廣泛應用於社會科學、自然科學的科學研究和工程實踐中。

賽仕軟體（Statistical Analysis System, SAS）。SAS 是由美國北卡羅萊納州立大學於 1966 年研發出的專業統計軟體，1976 年 SAS 軟體研究所成立，負責 SAS 軟體的維護、開發、銷售和培訓工作。SAS 是一個模組化、集成化的大型應用軟體系統，包含資料訪問、資料儲存及管理、應用開發等十幾個模組，可以完成資料訪問、資料管理、資料呈現和資料分析四類任務。SAS 主要應用於政府、管理、科學研究、金融等領域。

生物醫學統計套裝軟體（Bio Medical Data Processing, BMDP）。BMDP 由美國加州大學洛杉磯分校於 1961 年研發而成，是由一個名為 BIMED 的生物醫學軟體修改而來。1968 年 BMDP 公司成立並發行 BMDP 軟體，當時 BMDP 是國際知名的綜合專業統計分析軟體，有很多獨具特色的分析方法。可惜 BMDP 公司發展不順，最終被 SPSS 公司收購，BMDP 也失去了昔日的光輝，在與 SAS 的競爭中處於劣勢。

開源軟體

在開源軟體領域，用於統計分析的有 R 和 Python 兩個程式語言。

9.4　大數據：創新與挑戰

　　R 語言是用於統計分析和繪圖的專用程式語言，是一個自由、免費、原始碼開放的程式語言，其原始碼託管於 github。R 語言誕生於 1980 年左右，是 S 語言的一個分支，S 語言是美國 AT&T 公司貝爾實驗室開發的統計分析語言，後來紐西蘭奧克蘭大學的開發團隊研發出了首個 R 語言運行系統。除了免費開源，R 語言還是一個跨平台的語言，可以用於 UNIX、Windows 和 MacOS 三類主流操作系統。借助開源社區的不斷發展，R 語言正在收穫越來越多的功能擴展包，在金融分析、科學研究和人工智慧等領域的應用也越來越廣泛。本書的大多數統計圖線都是用 R 語言繪製的。

　　Python 是一個面向對象、解釋型的程式語言，誕生於 1991 年，目前廣泛應用於系統管理和撰寫 Web。嚴格地講，Python 並不是用於統計分析的程式語言，但 Python 擁有異常強大和豐富的函式庫，借助 Numpy、Scipy、Matplotlib 等函式庫，可以實現大多數統計分析和繪圖功能。Python 與 C、C++ 和 Java 等常用程式語言可以完美結合，因此，Python 是工程師進行統計分析的首選工具。

9.4　大數據：創新與挑戰

　　彷彿一夜之間，「大數據」成了家喻戶曉的常用詞，不論新興行業還是傳統行業，都準備「擁抱大數據」，都想從大數據中發現寶藏。可是，大數據究竟是什麼？是新瓶裝舊酒，還是技術革命？本書的最後一節，我們來探一探大數據的底。

　　大數據的概念可以追溯到 2001 年，世界知名諮詢公司 Gartner 發布的一份諮詢報告，首次提出「Big Data」，並提出了「3V」模型，意思是大數據在數量（Volume）、速度（Velocity）和種類（Variety）三個維度上都很「大」。但是受限於當時的軟體技術，大數據只能停留在概念層面；而進入 21 世紀 20 年後，隨著平行計算和數據分析技術的興起，大數據終於迎

來了大爆發時刻。2012 年，暢銷書《大數據時代》令「大數據」一詞迅速普及，各行各業都對大數據技術躍躍欲試。大數據技術在網際網路、娛樂等行業率先得到應用，很多應用成果令人耳目一新，比如美劇《紙牌屋》的策劃、巴西世界盃的預測。

大數據含義豐富，難以定義，目前比較權威的定義由 Gartner 給出：「大數據是需要新處理模式才能具有更強的決策力、洞察力和流程優化能力的大量、高成長率和多樣化的資訊資產。」這個定義包含了大數據的三個典型特徵：

新形態——大數據是大量、高成長率和多樣化的資訊資產；

新模式——大數據需要新處理模式來處理；

新能力——大數據具有更強的決策力、洞察力和流程優化能力。

新形態

大數據最鮮明的特徵自然是「大」，即大量的數據。截至 2016 年年初，全球網路使用者數量達到 34 億，行動用戶更是達到 37.9 億，超過全球總人口的一半；中國的社交網路工具——微信，在 2018 年創下了月活躍用戶破 10.8 億的紀錄；2018 年 11 月 11 日，阿里巴巴網路銷售平台全天銷售額達到創紀錄的 2,135 億人民幣。龐大的網際網路用戶不停地生產數據，這就是大數據的源頭。未來，隨著物聯網的普及，全球所有設備都會為網際網路貢獻數據，那時全球網際網路的數據量將超出你我的想像。

大數據要靠高成長率才能實現。看小說、看影片，用社交軟體聊天、網路購物，每一個網路使用者都在不停地為網際網路貢獻流量。在中國第二屆大數據產業峰會上，美國高通公司全球總裁德里克·阿伯利在演講中提到：「現在的數據呈指數級發展，過去兩年產生了全球 90% 的數據量。」指數級的高成長率，正是大數據的又一鮮明特徵。

在大數據技術興起之前，人們習慣於把數據儲存在結構化查詢語言

9.4 大數據：創新與挑戰

中。結構化查詢語言就像一堆大型 Excel 表格，每個表格都有很多列，每一列代表數據的一種屬性，數據按照對應的屬性儲存起來，可以互相關聯，便於查找。比如，警察局中儲存的公民資訊，會列出姓名、性別、身分證字號、家庭住址、聯絡電話等屬性，然後把每個人的資訊錄入資料庫中保存起來，這種屬性劃分明確的數據稱為結構化數據。

而隨著網際網路的普及，網路上的資訊門類越來越豐富，E-mail、新聞報導、聊天記錄、自拍圖片、自拍影片等，網友們在網際網路上自由分享著這些零散的、隨性而成的資訊。很顯然，這些資訊並不適合儲存在結構化查詢語言中，因為這些數據是非結構化的。非結構化數據和結構化數據的混合共存是大數據的又一特徵——多樣化。

新模式

傳統資料庫技術無法高效處理大量、高成長率、多樣化的大數據，革命性的新處理模式應運而生。2003 年，Google 發表了題為〈The Google File System〉的論文，向全世界介紹了它們設計實現的分散式文件系統 GFS（Google File System）。在 GFS 的基礎上，Google 提出了平行處理架構「MapReduce」和分散式數據儲存系統 Bigtable，這三個軟體是大數據「新處理模式」的典型代表。受到 Google 的啟發和激勵，開源軟體基金會 Apache 開發出了 Hadoop 系統，它包括分散式文件系統 HDFS（Hadoop Distributed File System, HDFS）和 Map/Reduce 平行處理兩部分。Hadoop 引領了大數據處理模式的革命浪潮，Hive、HBase、Spark、Storm 等開源軟體相繼出現，形成百家爭鳴的局面。

從原理上講，GFS 和 HDFS 很相似，二者都是分散式的，都可以部署在廉價硬體集群上，都具有良好的容錯特性。MapReduce 則將數據處理分為「對映（map）」和「歸納（reduce）」兩個獨立的步驟，實現了大量數據的平行處理。Spark 彌補了 Hadoop 高延遲的缺陷，實現了高速的平行數據處理。Storm 是推特公司使用的「串流處理」系統，適用於處理不斷

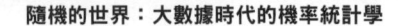

產生的即時消息，即串流數據。2015 年，推特公司用新方案 Heron 替代了 Storm，大大提高了吞吐量並減少了硬體開銷。

上述軟體系統是大數據處理新模式的典型代表，隨著大數據處理需求的增加，必定還會有更多的新軟體、新系統出現。

新能力

大數據是創新，更是革命，不僅可以用作統計分析，還可以產生「智慧」。

凱文・凱利在《失控》中曾提到：當高度互聯的群體數量大到一定程度時，群體特徵便會湧現，而群體中的任何個體都不具備該特徵。比如，大量水滴匯聚成河水、海水，便會產生讓水滴「感到陌生」的新特徵——漩渦和波浪。大量機器聚集起來能否顯現出智慧？這個曾經的哲學問題被數據科學家解決了——機器不僅會擁有智慧，而且會越來越聰明，因為人類賦予了機器學習的能力。

十幾年前，沃爾瑪超市從銷售數據中發現「啤酒和尿布」的關聯，令世人震驚；如今我們回頭去看，這只是機器學習中十分簡單的關聯演算法。機器學習，即讓電腦具有學習能力，近幾年來，伴隨著數據量的高速增長，可供電腦學習的素材越來越多，機器學習的各種演算法也迅速發展和普及。郵件服務器可以自動識別垃圾郵件，亞馬遜網站自動向你推薦「你可能喜歡的」商品，量化投資基金透過高頻率交易賺取利潤，警察局利用監控錄影識別嫌疑犯身分，貝氏分類器、邏輯迴歸、Apiriori 關聯等機器學習演算法，得到越來越多的應用，大數據時代就是機器學習的時代。

2016 年 3 月 15 日，Google 圍棋人工智慧程式 AlphaGo 以 4:1 的總比分，戰勝了韓國棋手李世石，令世人譁然。AlphaGo 是如何練成的？答案是深度學習。深度學習是機器獲得智慧的另一種方法，它模擬人腦神經系統的學習模式，實現由簡單到複雜的學習過程。簡言之，深度學習將使機器擁有創造力，甚至想像力！

9.4　大數據：創新與挑戰

在機器學習和深度學習的輔助下，大數據正在顯現智慧，這正是大數據具備的新能力——更強的決策力、洞察力和流程優化能力。

新挑戰

新挑戰是我為大數據加入的第四個特徵。

大數據帶來了創新甚至革命，也同樣面臨嚴峻的挑戰。大數據常常挖掘數據間的相關性，可是相關性有沒有意義、相關性是否可靠，都應當受到質疑，比如大數據分析會發現：從 2006 到 2011 年，美國謀殺案比例與 IE 瀏覽器的市場份額有很高的相關性，都呈急速下降趨勢，但是這樣的相關性有什麼意義，很難說得清楚；又如，Google 流感趨勢預測系統在剛剛推出時，能夠準確預測流感趨勢，可是四年後就出現了巨大的錯誤，其預測的就診數據比實際數據高出兩倍之多，而且這種失準持續了很久也無法改善。

大數據面臨的另一個挑戰是干擾。數據量的增加會讓分析結果更精確，但精確不等於正確，大量的數據會引入大量的干擾，這些干擾會淹沒有效訊號。就在「911」恐怖攻擊發生前的幾個月，美國聯邦調查局探員肯·威廉姆斯發現，近幾年亞利桑那州的多家飛行學院湧入了很多學員，他對這些學員進行了背景調查，發現他們大多與蓋達組織有關聯，於是他給聯邦調查局提交了一份報告，提到了蓋達組織可能正在將一些學生送到美國的各所飛行學院去學習，這些學員一旦進入民航系統，可能會藉機發動恐怖攻擊。這份報告被標註為「普通」和「只是一種猜測，不是很重要」，最終湮沒在聯邦調查局堆積如山的報告中；而在「911」事件後，人們稱這份資料為「鳳凰城備忘錄」，大數據分析同樣可能出現「鳳凰城備忘錄」式的悲劇，有價值的訊號被湮沒在巨大的干擾中。

大數據時代，既是創新，也面臨挑戰。人類從未如此緊密的連繫，也從未如此高速地生產數據，屬於大數據的時代正緩緩拉開序幕，讓我們拭目以待吧！

參考文獻

[1] 盛驟，謝式千，潘承毅．機率論與數理統計 [M]．北京：高等教育出版社，2008.

[2] [美] Hadley Wickham. ggplot2．數據分析與圖形藝術 [M]．統計之都，譯．西安：西安交通大學出版社，2013.

[3] [美] Ronald J.G. 讓你愛上數學的 50 個遊戲 [M]．莊靜，譯．北京：機械工業出版社，2015.

[4] [瑞典] Peter Olofsson. 生活中的機率趣事 [M]．趙瑩，譯．北京：機械工業出版社，2014.

[5] [美] Nate Silver. 信號與噪聲 [M]．胡曉姣，等，譯．北京：中信出版社，2013.

[6] [美] Dawn Griffiths. 深入淺出統計學 [M]．李芳，譯．北京：電子工業出版社，2012.

[7] [美] Michael Milton. 深入淺出數據分析 [M]．李芳，譯．北京：電子工業出版社，2012.

[8] [美] Drew Conway, John Myles White. 機器學習實用案例解析 [M]．陳開江，等，譯．北京：機械工業出版社，2013.

[9] Ginsberg J, Mohebbi MH, Patel RS, et al.. Detecting influenza epidemics using search engine query data[J] .Nature, 2009, 457（7232）：1012-1014.

[10] Reggie P, Andrea C. Quantifying Movie Magic with Google Search[J] .Google Whitepaper-Industry Perspectives+User Insights.

[11] [美] William Poundstone. 推理的迷宮 [M]．李大強，譯．北京：中信出版社，2015.

[12] [美] Ambrose Bierce. 鷹溪橋上 [M]．程閨閨，譯．重慶：重慶大學出版社，2013.

[13] [美] Peter D. Kaufman. 窮查理寶典 [M]．李繼宏，譯．上海：世紀出版集團，2012.

[14] [美] Kevin Kelly. 失控 [M]．張行舟，等，譯．北京：電子工業出版社，2016.

[15] [美] Kevin Kelly. 必然 [M]．周峰，等，譯．北京：電子工業出版社，2016.

9.4　大數據：創新與挑戰

國家圖書館出版品預行編目（CIP）資料

隨機的世界：大數據時代的機率統計學 / 李帥著. --
第一版. -- 臺北市：清文華泉, 2020.04
　面；　公分

ISBN 978-986-98857-2-0(平裝)

1.統計分析 2.機率

511.7　　　　　109002278

書　　　名：隨機的世界：大數據時代的機率統計學
作　　　者：李帥 著
責 任 編 輯：簡敬容

發 行 人：黃振庭
出 版 者：清文華泉事業有限公司
發 行 者：清文華泉事業有限公司
E - m a i l：sonbookservice@gmail.com
粉 絲 頁：https://www.facebook.com/sonbookss
網　　址：https://sonbook.net/
地　　址：台北市中正區重慶南路一段六十一號八樓 815 室
　　　　　Rm. 815, 8F., No.61, Sec. 1, Chongqing S. Rd., Zhongzheng
　　　　　Dist., Taipei City 100, Taiwan (R.O.C)
電　　話：(02)2370-3310　　傳　　真：(02) 2388-1990
版 權 聲 明：
　　　原著書名《世界是随机的：大数据时代的概率统计学》。本作品
　　　中文繁體字版由清華大學出版社有限公司授權台灣崧博出版事
　　　業有限公司出版發行。
　　　未經書面許可，不得複製、發行。

定　　價：320 元
發 行 日 期：2020 年 4 月第一版

9.4 大數據:創新與挑戰

超簡單機率與統計：
隨機的世界！大數據時代的機率統計學

作　　　者：	李帥	
發 行 人：	黃振庭	
出 版 者：	沐燁文化事業有限公司	
發 行 者：	沐燁文化事業有限公司	
E - m a i l：	sonbookservice@gmail.com	
粉 絲 頁：	https://www.facebook.com/sonbookss	
網　　　址：	https://sonbook.net/	
地　　　址：	台北市中正區重慶南路一段61號8樓	

8F., No.61, Sec. 1, Chongqing S. Rd., Zhongzheng Dist., Taipei City 100, Taiwan

電　　　話：	(02)2370-3310	
傳　　　真：	(02)2388-1990	
印　　　刷：	京峯數位服務有限公司	
律師顧問：	廣華律師事務所 張珮琦律師	

-版 權 聲 明─

原著書名《世界是随机的：大数据时代的概率统计学》。本作品中文繁體字版由清華大學出版社有限公司授權台灣崧博出版事業有限公司出版發行。

未經書面許可，不得複製、發行。

定　　價：299 元
發行日期：2024 年 09 月第一版
◎本書以 POD 印製

國家圖書館出版品預行編目資料

超簡單機率與統計：隨機的世界！大數據時代的機率統計學 / 李帥 著 .-- 第一版 . -- 臺北市：沐燁文化事業有限公司 , 2024.09
面；　公分
POD 版
ISBN 978-626-7557-37-2(平裝)
1.CST: 統計分析 2.CST: 機率
511.7　　113013077

電子書購買

爽讀 APP　　　　　臉書